新时代智库出版的领跑者

国家智库报告（2021）
National Think Tank (2021)

中国与阿拉伯国家的贸易与产能合作

TRADE AND CAPACITY COOPERATION BETWEEN CHINA AND ARAB COUNTRIES

刘冬 著

中国社会科学出版社

图书在版编目(CIP)数据

中国与阿拉伯国家的贸易与产能合作 / 刘冬著. —北京：中国社会科学出版社，2021.5
 (国家智库报告)
 ISBN 978 - 7 - 5203 - 8432 - 2

Ⅰ.①中… Ⅱ.①刘… Ⅲ.①区域经济合作—国际合作—中国、阿拉伯国家 Ⅳ.①F125.4②F137.154

中国版本图书馆 CIP 数据核字 (2021) 第 080593 号

出 版 人	赵剑英
项目统筹	王 茵 喻 苗
责任编辑	孙砚文 李 沫
责任校对	李 莉
责任印制	李寡寡

出　　版	中国社会科学出版社
社　　址	北京鼓楼西大街甲 158 号
邮　　编	100720
网　　址	http://www.csspw.cn
发 行 部	010 - 84083685
门 市 部	010 - 84029450
经　　销	新华书店及其他书店

印刷装订	北京君升印刷有限公司
版　　次	2021 年 5 月第 1 版
印　　次	2021 年 5 月第 1 次印刷

开　　本	787×1092 1/16
印　　张	8.25
插　　页	2
字　　数	85 千字
定　　价	49.00 元

凡购买中国社会科学出版社图书，如有质量问题请与本社营销中心联系调换
电话：010 - 84083683
版权所有　侵权必究

摘要： 不同国家之间资源禀赋或是比较优势的差异带来了国际产业分工以及货物商品的国际贸易。而国与国之间比较优势的相对变化则会推动产业资本实现跨国转移以及国际投资对国际贸易形成替代。改革开放以来，特别是中国加入世界贸易组织（WTO）以来，随同中国工业品生产与出口能力的快速提升以及能源进口规模的显著扩大，中国与阿拉伯国家的经济互补性进一步加强，双方货物贸易快速发展并形成了以工业制成品换取石油的货物贸易结构，中国与阿拉伯国家双方也逐渐成为互为重要的货物贸易伙伴。然而，中国工业制造业在快速发展的同时，受产业结构持续优化升级、劳动力成本的快速上升影响，在一些工业制造业部门出现了国际竞争优势下降的问题。受其影响，2014年以后，中国对阿盟、欧盟货物出口贸易增速出现大幅度下滑，而与此同时，欧盟对其自身以及阿拉伯国家货物进口贸易却获得了快速发展，而这也为中国对阿拉伯国家经贸关系发展由贸易向投资转变提出了现实要求。

比较优势是工业制造业发展的重要基础，东道国比较优势或是资源禀赋也是产业资本选择投资目的地国的重要参考因素。而在资源禀赋或是比较优势方面，阿拉伯国家在人力资源方面存在的巨大的人口红利，充足的能源资源供给潜力以及优越的国际贸易条件，都构成了工业制造业发展以及中国与阿拉伯国家产能合作开展的有利条件。此外，阿拉伯国家对工业制造业发展的高度重视以及中国与阿拉伯国家双方对于借助共建"一带一路"，带动阿拉伯国家工业制造业发展的期待，也为中国与阿拉伯国家开展国际产能合作提供了必要的政策保障。然而，以作为国际产业转移重要载体的对外直接投资来衡量，中国与阿拉伯国家在工业制造业领域开展的国际产能合作至今仍处于较低水平，尚未取得实质性进展。这是因为，中国对阿拉伯国家直接投资的规模总体仍十分有限，而且也并不是以工业制造业为主，在阿拉伯国家吸引外国直接投资中，中国占比也十分有限。

而中国与阿拉伯国家产能合作的开展迟迟没能取得实质性进展，主要在于，中国企业很难借助阿拉伯国家的有利的生产条件，借助对阿拉伯国家投资提升企业竞争力，而这既有宏观层面的阻碍，也有与企业、产业园投资密切相关的微观层面的因素。首先，从宏观层面来看，阿拉伯国家或是因营商环境欠佳或是因国内贸易投资壁垒较高，导致中国企业在阿拉伯国家投资以建立根植性。此外，由于阿拉伯国家工业制造业基础薄弱，国内企业对阿拉伯国家投资也难以获得"弹性专精"的生产条件。在企业层面，由于阿拉伯国家产业供给体系与欧盟联系紧密，而与中国相距较远，中国企业在阿拉伯国家投资调整上游产品供给面对的现实困难与成本增加，也在一定程度上削弱了企业对阿拉伯国家投资的热情。而在境外园区建设方面，由于中国在阿拉伯国家投资与建设园区选址和布局存在缺陷，在争取优惠等方面与东道国自主建设的工业园区相比处于竞争劣势，使其难以发挥对阿拉伯国家投资孵化平台的作用。

阿拉伯国家经济发展模式差别巨大，资源要素在各国分布存在高度不平衡性决定了中国在与阿拉伯国家开展国际产能合作时，必须根据阿拉伯国家的具体情况，甄选和确定重点合作国家与重点推进产业。首先，在劳动密集型工业制造业部门，尽管劳动力充裕程度和具有国际竞争力的劳动力供给价格是相关部门发展不可或缺的要素条件，然而，文化、教育、劳动习惯等难以量化的非经济因素也会对劳动生产效率施加重要影响，而中国与阿拉伯国家文化与心理距离较远的现实进一步增加了中国企业管理当地员工的困难，因此，在劳动密集型工业制造业部门，中国应当依据"产品距离"理论，甄选已在劳动密集型工业制造业发展上展现出较强国际竞争力的国家作为重点合作国家，并且选择与东道国优势产品包含相似技术含量的制造业部门作为重点推进的产业部门。其次，在资金密集型工业制造业部门，由于相关产业对电力供给价格高度敏感，且频繁遭受国际贸易摩擦，中国应当选择电力供给有保障且与欧盟签订有自由贸易协定的国家作为重点合作国家，并且选择那些频繁与欧盟发生贸易摩擦、产业链相对较短的制造业部门作为重点推进的产业部门。

结合阿拉伯国家比价优势、竞争优势的特点，以及中国与阿拉伯国家贸易投资合作的具体情况，中国与阿拉伯国家在工业制造业开展国际产能合作时可采取下述推进路径：（1）根据区域产业链调整确定重点合作产业；（2）基于东道国资源禀赋确定重点合作国家；（3）以东道国成熟园区作为产业孵化载体。此外，为推动中国与阿拉伯国家产能合作实现优化升级，可实施下述推进策略：（1）以中小企业作为对阿拉伯国家投资的先导；（2）适时引入大型短链制造业生产项目；（3）大型企业适当参股当地龙头企业或工业园区项目；（4）与阿拉伯国家金融机构合作设立服务国内企业海外投资活动的境外融资平台；（5）支持东道国本土企业能力建设，拉近双方产业链联系；（6）构建官方双边合作机制，助力企业对阿拉伯国家投资。

关键词：中国；阿拉伯国家；货物贸易；产能合作

Abstract: The difference of resource endowment or comparative advantage between different countries brings about the international division of labor and the international trade of goods and commodities. Since China's Reform and Opening-up, especially since China joined the World Trade Organization (WTO), along with the rapidly increasing in China's industrial products production and export capacity and energy imports expanded significantly, economic complementarities between China and Arab countries have further strengthened, the bilateral trade in goods between China and Arab Countries developed very rapidly and formed the trade structure of manufactured goods trade for oil, and the two sides also gradually become important trade partners. However, with the rapid development of China's industrial manufacturing industry, the continuous upgrading of industrial structure and rapid rise of labor costs, has led to the decline of international competitive advantages in some industrial manufacturing sectors. And as a result, the growth rate of China's export of goods to the Arab League and the EU has dropped significantly since 2014. And in the meantime, EU's imports in goods to itself and to Arab countries have grown rapidly. And this also puts forward realistic requirements for the transformation of China's economic and trade relations with Afghanistan from trade to investment.

Comparative advantage is an important basis for the development of industrial manufacturing industry and the comparative advantage or resource endowment of host country are also important reference factors for industrial capital to choose investment destination country. In terms of resource endowment or comparative advantage, Arab countries have huge demographic dividend in human resources, abundant supply potential of energy resources and superior international trade conditions, all of which constitute favorable conditions for the development of industrial manufacturing and China-Arab capacity cooperation in manufacturing industries. In addition, Arab countries attach great importance to the development of industrial manufacturing industry and Arab countries' expectation to promote the development of industrial manufacturing industry in Arab countries with the help of the Belt and Road Initiative, which also provides necessary policy guarantee for Arab countries to carry out international production capacity cooperation. However, as measured by outward direct investment (OFDI), an important carrier of international industrial transfer, China and Arab countries' international cooperation on production capacity in the field of industrial manufacturing is still at a relatively low level and has yet to make substantive progress. Due to the scale of China's direct investment in Arab countries still limited by volumes, and it is not dominated by industrial manufacturing. China also accounts for a very limited sharing of foreign direct investment in Arab countries.

The fact that implementation of production capacity cooperation between China and Arab countries in manufacturing industries has not made substantive progress, mainly because it is difficult for Chinese enterprises to take advantage of the favorable production conditions of Arab countries and enhance their competitiveness by making investment in Afghanistan. This is due to both macro-level obstacles and micro-level factors closely related to the investment in enterprise industrial parks. Firstly, from a macro perspective, Arab countries either have a poor business environment or have high domestic trade and investment barriers, leading Chinese Companies hard to embed into the local society when investing in Arab countries. In addition, due to the weak industrial manufacturing base in Arab countries, it is difficult for Chinese enterprises to obtain flexible and specialized production conditions in the host countries. At the enterprise level, as the industrial supply system of Arab countries is closely linked with the EU and far from China, the practical difficulties and increased costs that Chinese enterprises face in adjusting the supply of upstream products in Arab countries also weakens their enthusiasm for making investment decisions to some extent. As for the construction of overseas parks, China is at a competitive disadvantage compared with the industrial parks built by the host country in terms of location selection and layout, which makes it difficult for China to play its role as an incubator for Chinese enterprises investing in Arab countries.

The huge differences in economic development modes among Arab countries, as well as the highly uneven distribution of resources determines that when China carries out international production capacity cooperation with Arab countries, it must select and determine key cooperative countries and key industries according to the specific conditions of Arab countries. Firstly, in the labor-intensive manufacturing industries, although labor abundance and internationally competitive labor supply prices are indispensable factors for the development of relevant sectors, cultural and educational labor habits and other non-economic factors that are difficult to quantify will also have an important impact on labor productivity, and furthermore, the cultural and psychological distance between China and Arab countries further increase the enterprise management difficulties of local employees in China. Therefore, In the labor-intensive manufacturing industries, China should chose cooperation partners and industries according to the "product distance theory", and select countries that have shown strong international competitiveness in the development of labor-intensive industrial manufacturing as key cooperation partners, and select manufacturing sectors that contain similar technological content to the advantageous products of the host country as key industrial sectors to promote. Secondly, in the capital-intensive industrial manufacturing sector, because the industry is highly sensitive to the power supply price, and the frequent international trade friction,

China should choose countries with stable electricity, as well as signed free trade agreements with the European Union, as the key cooperation partners, and choose sectors frequently ecounter trade frictions as the key cooperation sectors.

Based on the characteristics of Arab countries' comparative advantage and competitive advantage, as well as the specific situation of China-Arab trade and investment cooperation, China and Arab countries can take the following steps to promote international production capacity cooperation in industrial and manufacturing industries: (1) determine key cooperative industries according to the adjustment of regional industrial chains; (2) determine key cooperative partners based on the resource endowment of the host country; (3) make the well developed industrial parks built by the host countries as the carrier of industrial incubation. In addition, to promote the optimization and upgrading of China-Arab cooperation on production capacity, the following strategies can be implemented: (1) take small and medium-sized enterprises as the spearhead for investment in Arab countries; (2) introduce large manufacturing projects with short value chains; (3) large enterprises should partner with local leading enterprises or industrial park when investing in manufacturing plants or industries zones; (4) cooperate with Arab financial institutions to set up an overseas financing platform for serving Chinese enterprises' overseas investment activities; (5) draw the vale chain between China and Arab Countries closer by supporting the development of Arab manufacturing enterprises; (6) an official bilateral cooperation mechanism will be established to facilitate Chinese enterprises' investment in Arab Countries.

Key words: China; Arab Countries; trade of goods; capacity cooperation in manufacturing industries

目　　录

一　中国与阿拉伯国家开展贸易与产能合作的
　　理论依据 …………………………………………（1）
　（一）国际贸易理论 …………………………………（3）
　（二）产业转移理论 …………………………………（5）
　（三）竞争优势理论 …………………………………（7）

二　中国与阿拉伯国家贸易发展 ……………………（11）
　（一）中国与阿拉伯国家货物贸易发展
　　　　概况 ……………………………………………（11）
　（二）中国与阿拉伯国家货物贸易的
　　　　商品构成 ………………………………………（16）
　（三）中国在阿拉伯国家的主要贸易伙伴 ……（20）
　（四）中国与阿拉伯国家货物贸易发展的
　　　　紧密度 …………………………………………（21）

（五）中国与阿拉伯国家经贸关系发展由贸易
转向投资的必要性……………………………（22）

三 中国与阿拉伯国家开展产能合作环境
分析………………………………………………（29）
（一）中国与阿拉伯国家产能合作政治环境…（29）
（二）阿拉伯国家的信用和风险环境…………（33）
（三）阿拉伯国家的资源环境……………………（40）
（四）阿拉伯国家的贸易环境……………………（48）
（五）阿拉伯国家的产业发展环境………………（50）

四 中国与阿拉伯国家产能的现状与阻碍………（53）
（一）中国与阿拉伯国家投资合作现状…………（53）
（二）企业投资的阻碍……………………………（63）
（三）产业园经营建设的阻碍……………………（71）

五 中国落实对阿拉伯国家投资合作的国别与
产业甄选………………………………………（80）
（一）劳动密集型产业的合作……………………（80）
（二）资金密集型产业的合作……………………（87）
（三）以开拓区域消费市场的合作………………（93）

六 促进中国与阿拉伯国家产能合作的实施路径和政策建议 …………………………………（97）

（一）工业制造业部门推进对阿拉伯国家投资合作的实施路径 …………………………（97）

（二）推动落实中国与阿拉伯国家投资合作优化升级的政策建议 ……………………（103）

一　中国与阿拉伯国家开展贸易与产能合作的理论依据

国家贸易和产业投资是工业制造业国际交往的两种形式。传统的比较优势理论认为，国与国之间比较优势或是资源禀赋的差异决定了工业制成品的贸易流向。后来，随同国际间跨国投资活动的日益繁荣，经济学界开始运用比较优势或是资源禀赋论解读国际投资行为，而国与国之间比较优势，抑或资源禀赋的相对变化驱动了企业的跨国投资行为，也逐渐成了经济学界的共识。由于生产要素无法实现跨国流动，国际贸易交往也并非完全自由，在工业制造业的国际交往中，国与国之间比较优势，抑或资源禀赋的相对变化也就促成了跨国产业投资对国际贸易的替代。

然而，基于比较优势或是资源禀赋理论分析框架的国际贸易、产业投资理论，主要聚焦于宏观经济变量的分析。20世纪70年代，"第三意大利"现象的出现，以及很多工业后起国家在产业发展上出现的巨大差异却表明，仅依靠比较优势或资源禀赋的发挥，落后国家仍很难实现经济起飞。①国际学术界也开始逐渐跳出比较优势或是资源禀赋的思维框架，开始从其他角度思考工业制造业发展和跨国投资问题，其中，主要关注产业集聚和产业集群现象的竞争优势理论逐渐流行起来，竞争优势理论认为空间、组织、技术、知识等中观经济变量对于一国工业制造业发展以及企业跨国投资活动也有着重要影响。产业集聚是"产业发达国家的核心特征"。②而跨国产业投资的实践也表明，有利于支撑产业集群效应的中观经济变量，也是跨国企业选择投资目的国的重要参考因素。③

国与国之间比较优势的相对变化推动了产业资本的跨国转移以及对国际贸易的替代，而有利于产业集群形成的中观经济变量对于引导投资的跨国转移有着

---

① "第三意大利"是指20世纪70年代经济快速崛起的意大利东北部和中部，根据意大利统计局评判标准，全意大利专业集群地有199个，主要集中在北部、中部和亚得里亚海沿岸，其中的80%分布在人口不到10万的小城镇和村落，如威尼托大区的服装加工业和家具制造业、托斯卡纳大区的毛纺业和陶瓷业等。参见秦岩、杨爱民、代志鹏《第三意大利的兴起及其对中国西部大开发的启示》，《云南社会科学》2007年第6期。

② [美]迈克尔·波特：《国家竞争优势》，李明轩、邱如美译，中信出版社2012年版，第133页。

③ World Bank, 2017/2018 Global Investment Competitiveness Report, Washington D.C., 2018.

重要影响。因此，基于比较优势或是资源禀赋理论的国际贸易、国际投资理论，以及聚焦于产业集群现象的竞争优势理论也就成为研究中国与阿拉伯国家制造业产能合作的重要理论支撑。

（一）国际贸易理论

国际贸易理论拥有十分悠久的历史，早在16世纪，重商主义学派就已开始关注国际贸易问题。而长期以来，理论界对国际贸易问题的分析，仍主要依托大卫·李嘉图提出的比较优势理论和赫克歇尔—俄林的资源禀赋论。

1817年，英国古典经济学家大卫·李嘉图在其著作《政治经济学及赋税原理》中提出了比较成本贸易理论，也就是后来被理论界所熟悉的"比较优势贸易理论"。该理论认为，国际贸易的基础是生产技术差别所带来的相对成本的差异，即使一个国家在两种商品生产上较之另一国都存在绝对劣势，但由于两种产品绝对劣势的程度有所不同，该国在绝对劣势较轻的产品生产上拥有比较优势，另一国则在另一产品的生产上拥有比较优势，而两国建立专业化分工，集中力量生产和出口具有比较优势的产品，则两国都能从贸易中得到利益,提升两个国家的整体福利水平。①

不过,尽管李嘉图提出的比较优势理论认识到劳动生产率差别所带来的生产成本的差异,但是,在实际的生产活动中,一国要素供给的充裕也会对产品生产的成本施以重要影响。在比较优势理论的基础上,瑞典经济学家伊·菲·赫克歇尔与他的学生瑞典经济学家、诺贝尔经济学奖获得者戈特哈德·贝蒂·俄林提出了著名的赫克歇尔—俄林(H—O)模型,成为要素禀赋论的代表学说。该模型认为,商品的生产不仅需要劳动力的供给,而是包括劳动力、资本、土地等不同生产要素的综合配置,而各种要素禀赋供给的相对差异以及生产商品时利用各类要素强度的差异是国际贸易的基础。赫克歇尔—俄林(H—O)模型认为,一国应当出口由本国相对充裕的生产要素生产的商品,进口由本国相对稀缺的生产要素生产的产品,并通过相互之间的贸易提升整体福利,不过,随着国际贸易的发展,各国之间的要素价格将会趋于一致。②

---

① [英]大卫·李嘉图:《政治经济学及赋税原理》,周洁译,华夏出版社2005年版,第270—280页。
② [瑞典]伯特尔·俄林:《区际贸易与国际贸易》,逯宇铎等译,华夏出版社2008年版,第50—102页。

（二）产业转移理论

由于早期企业跨国投资活动并不活跃，以比较优势或是资源禀赋作为分析框架的经济学理论对于国际投资问题几乎没有涉及，直到20世纪60年代，经济学家才将比较优势和资源禀赋论引入到国际投资问题的分析中。其中，最具影响力的国际投资理论主要有产品周期论（Product Life Cycle）、雁行模式（Flying Geese Paradigm）以及边际产业扩张论（Marginal Industry Theory）等。

产品生命周期理论是由哈佛大学经济学家雷蒙·弗农（Raymond Vernon）在1966年发表的一篇论文中提出的，产品生命周期理论认为，产品生产具有一定的周期性，每一类产品的生产都会经历形成、成长、成熟和衰退四个不同的生命周期。然而，不同国家因为生产产品的技术水平存在差异，产品生产的生命周期并不同步，随同产品生产生命周期的演变，产品生产的比较优势将会从高技术水平的国家向低技术水平国家转移，由此也就带来了国际投资活动和产品生产的跨国转移。[1]

---

[1] Raymond Vernon, "International Investment and International Trade in Product Cycle", *Quarterly Journal of Economic*, Vol. 80, No. 2, 1966.

国际投资理论中的"雁行模式"是由日本经济学家赤松要（Kaname Akamatsu）提出的，该理论提出，工业后起国家的产业发展一般会经历"进口—国内生产—出口"三个阶段。这是因为，在最初阶段，工业后起国家因为存在技术短板，并不具备生产某类产品的比较优势，只能从其他国家进口该类产品，但随着国内技术短板的逐渐消除，工业后起国家国内生产的资源和价格优势便会逐渐凸显，国内生产也将会逐渐替代进口，并最终形成出口能力。而在这一过程中，工业发达国家企业的投资活动发挥了重要作用。[①]

20世纪70年代，日本一桥大学经济学教授小岛清（Kiyoshi Kojima）基于日本对外投资活动的特点，提出了"边际产业扩张论"。该理论认为：投资国的对外投资活动应当是从边际产业依次推进，也就是从已经处于比较劣势或是即将处于比较劣势的产业依次进行推进；投资国应当将在边际产品的生产上具有显性或潜在比较优势的国家作为投资目的国；在对外投资活动中，投资国应当是以中小企业为先导；投资国的投资活动不应给被投资国的对外贸易活动带来负面影响，而是应当发挥贸易创造效应。[②]

[①] Kaname Akamatsu, "A Historical Pattern of Economic Growth in Developing Countries", *The Developing Economies*, Vol. 1, No. 1, 1962.

[②] Kiyoshi Kojima, *Direct Foreign Investment: A Japanese Model of Multinational Business Operation*, London: Croom Helm, 1978.

上述国际投资理论的切入点虽然有所不同，但都是以比较优势或资源禀赋论作为分析框架，论证了国与国之间相对优势的变化所带动的国际产业投资活动，这些理论的分析重点也都是产业发达国家对产业后起国家的投资活动。

（三）竞争优势理论

20世纪80年代以后，发达国家相互之间投资活动的活跃以及发展中国家工业发展上存在的巨大差异，也对基于比较优势和资源禀赋分析框架的国际投资理论提出挑战。聚焦于产业集聚与产业集群问题的竞争优势理论开始更多地被引入跨国投资活动的分析中来。

竞争优势理论可追述至19世纪末，英国经济学家阿尔弗雷德·马歇尔（Alfred Marshall）提出的"产业区"概念。1890年，马歇尔在其著作《经济学原理》中提出了"产业区"和"外部经济"的概念。马歇尔将集中有大量相关小企业、进行专业化生产的特定地区称作"产业区"，并认为获得外部规模经济是"产业区"获得发展的根本原因。[①]

[①] 马歇尔对产业区的论述主要集中于第四篇"生产要素——土地、劳动、资本和组织"的第10章"工业组织（续前）"。参见［英］阿弗里德·马歇尔《经济学原理》，廉运杰译，华夏出版社2004年版，第226—234页。

然而，马歇尔提出的"产业区"理论在相当长的时间内，并未得到学界的关注。直到20世纪70年代，由于基于比较优势的经济学理论已经无法解释"第三意大利"等发达国家产业集聚地的崛起、发达国家之间相互投资的活跃等现象，"产业区"理论开始重新受到产业界的关注。而将竞争优势理论推向高峰的是美国管理学家迈克尔·波特（Michael Porter），在对10个国家100个行业进行调研和分析的基础上，1990年，波特提出了被称为"波特钻石模型"（Michael Porter Diamond Model）的国家竞争理论，该理论认为，国家竞争优势都是以产业集群形式体现的，产业集群是产业发达国家的核心特征，而很多产业集群或具有国际竞争力的产业中，竞争者往往集中于某个城市或地区。[①]

"波特钻石模型"理论提出以后，关注产业集聚和产业集群现象的竞争优势理论逐渐成为产业发展和国际投资研究的重要学说。美国著名经济学家保罗·克鲁格曼（Paul Krugman）对产业集聚现象进行了更规范的论证，克鲁格曼提出："企业和劳动力集聚在一起获取更好的要素回报时，存在本地化生产的规模报酬递增。"[②]此外，克鲁格曼还指出，不同群体和不同的相

[①] ［美］迈克尔·波特：《国家竞争优势》（上），李明轩、邱如美译，中信出版社2012年版，第133、138页。

[②] Paul Krugman, "Increasing Returns and Economic Geography", *Journal of Political Economy*, Vol. 99, No. 3, 1991.

关活动倾向于集聚不同的地方，而规模报酬递增的存在，意味集聚形成后，便会自我延续下去。① 随着竞争优势理论的不断发展，很多相关研究表明②，"根植性"（embeddedness）和"柔性专精"（flexiblility plus specialization）的生产条件是产业集聚的两个重要特征，也是产业集聚得以建立和发展的根本所在。而国际投资活动的实践也表明，"根植性"的建立和东道国的"柔性专精"生产条件也是跨国企业选择投资目的国的重要参考因素。

"根植性"原本是社会经济学的一个概念，在竞争优势理论的研究框架中，"根植性"是指在经济、社会、文化、政治等方面建立很强的本地联系。产业集聚理论认为，"根植性"的特征包括相互信任、丰富的信息交换、共同解决问题的制度安排，这些要素对于产业集聚的形成和发展至关重要。③ 所谓"柔性专

---

① ［美］保罗·克鲁格曼：《地理和贸易》，张兆杰译，北京大学出版社 2000 年版，第 33—63、98—109 页。

② Hsin-Mei Lin, Heng-Chiang Huang, Chih-Pin Lin, Wen-Chung Hsu, "How to Manage Strategic Alliances in OEM-based Industrial Clusters: Network Embeddedness and Formal Governance Mechanisms", *Industrial Marketing Management*, Vol. 41, No. 3, 2012; Stephen C. Graves and Brian T. Tomlin, "Process Flexibility in Supply Chains", *Management Science*, Vol. 49, No. 7.

③ Brian Uzzi, "The Sources and Consequences of Embeddedness for the Economic Performance of Organizations: The Network Effect", in *American Sociological Review*, Vol. 61, No. 4.

精"是指单个企业生产集中于有限的产品或过程,形成专业化的特点,而专业化企业的相互竞争和协作带来整个地区生产的灵活性和多样性。[1] 而正是得益于生产的专业化和灵活性,产业集聚区才能获得高生产效率、低生产成本、专业化的劳动力市场以及市场创造效应和生产的创新性。[2]

---

[1] 王缉慈等:《创新的空间:企业集群与区域发展》,北京大学出版社2001年版,第128页。

[2] 吴小军:《产业集群与工业园区建设:欠发达地区加快工业化进程路径研究》,江西人民出版社2005年版,第40—49页。

二　中国与阿拉伯国家贸易发展

中国与阿拉伯国家的货物贸易总体呈现出以工业制成品换取石油的贸易模式。2001年，中国加入世界贸易组织以后，随同中国工业品生产和出口能力的快速提升以及能源对外依赖程度的不断增强，中国与阿拉伯国家货物贸易进入快速发展期，双边贸易的重要性快速提升。然而，自2014年以后，中国对阿拉伯国家货物进出口贸易增速大幅度下滑，陷入低速增长。中国对阿拉伯国家工业制成品出口增速的严重下滑，以及欧盟产业供给链向自身及西亚北非国家转移的现实，也为中国与阿拉伯国家在工业制造业领域的合作由贸易向投资转变提出了现实要求。

（一）中国与阿拉伯国家货物贸易发展概况

改革开放以来，特别是加入世界贸易组织以后，中国在工业制造业部门逐渐形成了巨大的生产与出口能力，而拥有丰富油气资源的阿拉伯国家，长期以来都是全球能源供给的核心地带。中国与阿拉伯国家双方在比较优势、资源禀赋上存在的巨大差异，构成了推动双方货物进出口贸易快速发展的强大动力。总体来看，1995年以来，中国与阿拉伯国家货物进出口贸易的发展速度要快于中国与世界上其他发展中国家货物贸易发展总体水平。联合国贸易与发展会议资料显示，1995—2019年，中国对世界货物进出口贸易额的年均增长速度是12.3%，与新兴国家及发展中国家货物进出口贸易的年均增长速度是13.5%。而同期中国与阿拉伯国家货物进出口贸易额由52.8亿美元增长至2767.8亿美元，年均增长速度为17.9%，中国与阿拉伯国家货物贸易发展要显著快于中国与世界以及与其他国家货物进出口贸易的总体发展速度。

在货物出口方面，1995—2019年，中国对阿拉伯国家货物出口贸易额由32.6亿美元增长至1207亿美元，年均增长速度为16.2%。在货物进口方面，1995—2019年，中国对阿拉伯国家货物进口贸易额由20.2亿美元增长至1560.8亿美元，年均增长速度为19.9%。从货物贸易平衡来看，2000年以前，中国对中东国家货物贸易常年都有顺差，但从2000年开始，中国对阿拉伯国家货物贸易开始时有逆差出现。2011

中国与阿拉伯国家的贸易与产能合作　13

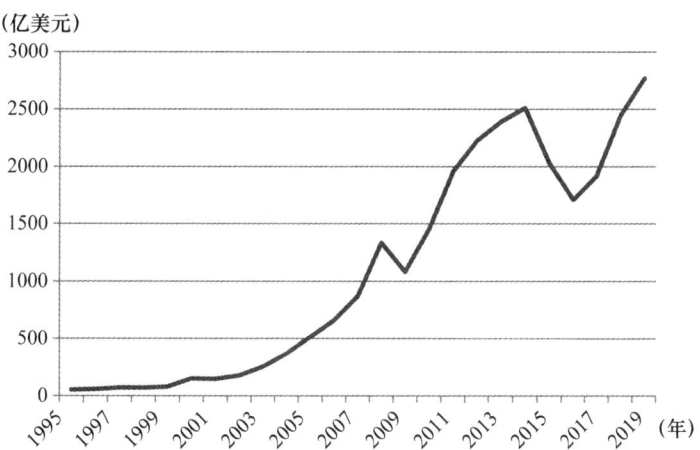

图 2-1　1995—2019 年中国与阿拉伯国家货物进出口贸易规模

资料来源：UNCTAD，UNCTADSTAT Database，https：//unctadstat.unctad.org/wds/ReportFolders/reportFolders.aspx？sCS_ChosenLang=en，2020-11-2.

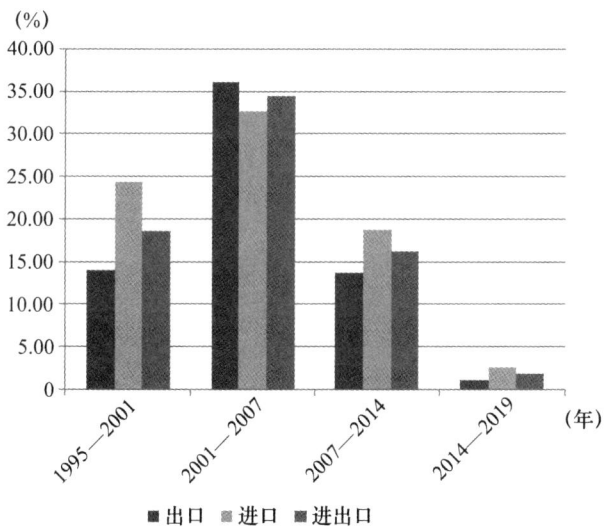

图 2-2　1995—2019 年中国对阿拉伯国家各时期货物贸易年均增长速度

资料来源：UNCTAD，UNCTADSTAT Database，https：//unctadstat.unctad.org/wds/ReportFolders/reportFolders.aspx？sCS_ChosenLang=en，2020-11-2.

年，中国对中东国家货物贸易逆差高达401.8亿美元，为历史最高水平。

总体来看，1995年以来，中国与阿拉伯国家货物进出口贸易的发展总共经历了以下四个发展阶段，除第二个阶段外，中国对阿拉伯国家货物进口贸易的年均增长速度都要高于货物出口贸易的年均增长速度。

第一阶段，从1995—2001年，中国对阿拉伯国家货物进出口贸易总体呈现快速增长的态势。这一时期，中国对阿拉伯国家货物进出口贸易总额由52.8亿美元增至147.0亿美元，实现18.6%的年均增长速度。其中，中国对阿拉伯国家货物出口贸易额由32.6亿美元增至72.1亿美元，实现14.1%的年均增长速度；中国对阿拉伯国家货物进口贸易额由20.2亿美元增至74.9亿美元，实现24.4%的年均增长速度。

第二阶段，2001—2007年，中国加入世贸组织后，随着工业制造业快速发展和工业制成品出口能力的快速增强以及石油进口需求的迅速扩大，中国对阿拉伯国家货物进出口贸易进入加速增长期。在这期间，中国对阿拉伯国家货物进出口贸易总额由147.0亿美元迅速增至870.1亿美元，年均增长速度高达34.5%。在货物出口方面，受益于中东国家货物进口需求的快速发展以及中国工业品制造和出口能力的迅速提高，2001—2007年，中国对阿拉伯国家货物出口贸易额由

72.1亿美元增至459.7亿美元,实现年均36.2%的高速增长。在货物进口方面,受益于中国对阿拉伯国家石油需求的快速增长以及国际油价的不断攀升,2001—2007年,中国对阿拉伯国家货物进口贸易额由74.9亿美元增至410.4亿美元,年均增幅高达32.8%。

第三阶段,2007—2014年,中国对阿拉伯国家货物进出口贸易增速开始下降。2007—2014年,中国对阿拉伯国家货物进出口贸易总额由870.1亿美元增至2510.5亿美元,虽然年均增速仍高达16.3%,但却不足2001—2007年年均增速的一半。在这期间,中国对阿拉伯国家货物出口贸易额由459.7亿美元增至1138.2亿美元,实现年均13.8%的年均增速,中国对阿拉伯国家货物进口贸易额由410.4亿美元增至1372.3亿美元,实现年均18.8%的年均增幅。

第四阶段,2014—2019年,中国对阿拉伯国家货物进出口贸易进入低速增长期。在这期间,中国对阿拉伯国家货物进出口贸易总额仅从2510.5亿美元增至2767.8亿美元,年均增幅仅为2.0%。其中,中国对阿拉伯国家货物出口贸易额仅从1138.2亿美元增至1207亿美元,年均增幅仅为1.2%,中国对阿拉伯国家货物进口贸易额从1372.3亿美元增至1560.8亿美元。年均增幅仅为2.6%。

(二) 中国与阿拉伯国家货物贸易的商品构成

受中国与阿拉伯国家双方比较优势差异的影响。在货物进出口贸易的商品结构方面，中国与阿拉伯国家货物进出口贸易呈现出以工业制成品换取石油的贸易模式。联合国贸易和发展会议（以下简称"贸发会议"）的资料显示，1995—2019年，中国对中东国家货物出口超过90%都是工业制成品。而中国从阿拉伯国家货物进口则主要以原油为主，除石油外，其他货物商品的规模都十分有限。

表2-1　　　中国对阿拉伯国家货物出口的商品结构　　　（单位:%）

	1995年	2005年	2010年	2015年	2019年
食品及活畜	7.6	2.7	2.4	1.6	1.7
饮料和烟草	0.2	0.2	0.1	0.1	0.2
非食用原料（除燃料）	1.0	0.4	0.4	0.5	0.5
燃料、润滑油及相关产品	0.1	0.8	1.0	0.7	1.0
原油	**	**	**	0.2	**
动物和植物油、油脂和蜡	**	0.1	**	**	**
化学成品及有关产品	4.9	4.5	4.4	4.3	5.3
主要按原料分类的制成品	32.1	30.4	29.8	28.5	28.6
机械和运输设备	19.5	33.6	37.9	34.0	35.5
杂项制品	33.9	25.9	23.9	30.3	27.2

续表

	1995 年	2005 年	2010 年	2015 年	2019 年
未分类商品	0.5	1.2	**	**	**
总计	100.0	100.0	100.0	100.0	100.0

注：** 不足 0.1%。

资料来源：UNCTAD, UNCTADSTAT Database, https://unctadstat.unctad.org/wds/ReportFolders/reportFolders.aspx? sCS_ ChosenLang = en, 2020 – 11 – 2.

首先，在对阿拉伯国家出口方面，工业制成品是中国出口的主要货物，并且，自 1995 年以来，工业制成品在中国对阿拉伯国家货物出口贸易中占比处于稳定上涨的态势，在中国对阿拉伯国家货物出口贸易中占比由 90% 左右稳步提升至 95% 以上。分部门来看，中国对阿拉伯国家机械和运输设备出口贸易额的增长最为迅速，1995—2019 年，中国对阿拉伯国家该类货物商品出口贸易额由 6.4 亿美元增至 428.2 亿美元，实现年均 19.2% 的高速增长。按占比来看，机械和运输设备自 2005 年以后，一直都是中国对阿拉伯国家出口贸易额最高的货物商品部门，不过，该类货物在中国出口贸易中占比在 2009 年达到 39.3% 的历史峰值以后，开始持续回落。除机械和运输设备外，按原料分类的制成品和杂项制品也是中国对阿拉伯国家出口的主要工业制成品。

表2-2　　中国对阿拉伯国家工业制成品出口的商品结构　　（单位:%）

	1995年	2005年	2010年	2015年	2019年
资源型工业制成品：农业型	9.8	5.5	5.3	4.5	5.0
资源型制造业：其他	3.4	5.5	5.3	5	4.8
小计	13.2	11	10.6	9.5	9.8
低技术制造业：纺织品、服装和鞋类	36.6	24.8	20.8	22.9	20.7
低技术制造业：其他产品	20.6	15.5	18.2	21.2	20.8
小计	57.2	40.3	39	44.1	41.5
中等技术制造商：工程	13.8	17.6	18.8	19.1	20.6
中等技术制造商：汽车	2.4	4.7	4.8	3.8	3.4
中等技术制造商：其他	8.3	11.9	10	8.1	8.8
小计	24.5	34.2	33.6	31	32.8
高科技制造商：电子和电器	6.5	15.2	17.7	15.5	16.2
高科技制造商：其他	2.2	1.2	1.2	1.1	1.8
小计	8.7	16.4	18.9	16.6	18.0
总计	100	100	100	100	100

资料来源：UNCTAD, UNCTADSTAT Database, https://unctadstat.unctad.org/wds/ReportFolders/reportFolders.aspx?sCS_ChosenLang=en, 2020-11-2.

而按照出口工业制成品的技术含量衡量，随着中国工业制造业的快速发展，中国对阿拉伯国家出口工业制成品的技术含量和附加值都在不断提升。"贸发会议"的资料显示，1995—2005年，在中国对阿拉伯国家出口的各类工业制成品中，资源型和低技术含量工业制成品占比总计由70.4%下降至51.3%，中等技术含量和高技术含量工业制成品占比则分别由25.5%和8.7%上升至32.8%和18.0%。不过，2005年以后，中国对阿拉伯国家工业制成品出口的商品结构基本稳定，其中，低技术含量工业制成品主要是以纺织品、服装和鞋类产品为主，中等技术含量工业制成品主要是工程类货物商品为主，而高等技术含量工业制成品主要是以手机等电子电器商品为主。

表 2-3　　　　中国对阿拉伯国家货物进口的商品结构　　　（单位:%）

	1995年	2005年	2010年	2015年	2019年
食品及活畜	0.1	0.2	0.1	0.1	0.1
饮料和烟草	**	**	**	**	**
非食用原料（除燃料）	5.8	0.8	1.6	2.9	2.4
燃料、润滑油及相关产品	61.2	89.3	83.4	80.1	81.3
原油	48.2	75.7	80.5	70.1	70.7
动物和植物油、油脂和蜡	**	**	**	0.1	**
化学成品及有关产品	30.5	7.9	13.3	15.4	15.1
主要按原料分类的制成品	2.2	1.4	0.8	0.5	0.4
机械和运输设备	0.1	0.4	0.8	0.4	0.3
杂项制品	0.1	**	**	0.2	0.2
未分类商品	**	**	**	0.3	0.1
总计	100.0	100.0	100.0	100.0	100.0

注：** 不足 0.1%。
资料来源：UNCTAD, UNCTADSTAT Database, https://unctadstat.unctad.org/wds/ReportFolders/reportFolders.aspx? sCS_ChosenLang=en, 2020-11-2.

在中国对阿拉伯国家的货物进口方面，1995—2011年，原油长期都是中国从中东国家进口的最为重要的货物商品。进入21世纪以后，随着中国对中东国家原油进口需求的迅速增加，原油在中国对中东国家货物进口贸易中的重要性有了大幅度提高。2000—2019年，原油在中国对中东国家货物进口贸易中所占比重长期维持在70%以上。

（三）中国在阿拉伯国家的主要贸易伙伴

由于阿拉伯国家在经济规模、资源禀赋存在巨大差异，中国与阿拉伯国家的贸易发展存在较大的不均衡性，对阿拉伯国家货物进口贸易与货物出口贸易均集中于少数国家。首先，在货物出口贸易方面，阿联酋、沙特阿拉伯、埃及是中国在阿拉伯国家最重要的三个货物出口市场，中国对这三个国家货物出口贸易额常年占到中国对阿拉伯国家货物出口贸易总额的50%以上。除上述三个国家外，中国在阿拉伯国家的主要货物出口贸易伙伴还有阿尔及利亚、伊拉克、苏丹、摩洛哥等国。2019年，中国在阿拉伯国家最重要的五个货物出口贸易伙伴分别是阿联酋（334.8亿美元）、沙特阿拉伯（239.4亿美元）、埃及（122.3亿美元）、伊拉克（94.8亿美元）和阿尔及利亚（69.5亿美元）。2019年，中国对上述五国货物出口贸易总额占到中国对阿盟国家货物出口贸易总额的71.3%。

其次，在货物进口方面，由于原油是中国从海湾阿拉伯国家合作委员会（以下简称"海合会"）国家进口的最大宗商品,中国在阿拉伯国家的主要货物进口贸易伙伴均都是该地区重要石油出口国,2019年,中国在阿拉伯国家最重要的五个货物进口贸易伙伴分别是沙特阿拉伯(581.3亿美元)、伊拉克(255.1亿美元)、阿曼(208.5亿美元)、阿联酋(161.6亿美元)和科威特(143.7亿美元),当年,中国对上述五国货物进口贸易额占到中国对阿拉伯国家货物进口贸易总额的86.5%。

(四)中国与阿拉伯国家货物贸易发展的紧密度

随着中国工业制造业的快速发展以及原油进口规模的逐渐扩大,中国与阿拉伯国家经济互补性不断增强,中国与阿拉伯国家双方货物贸易联系的紧密程度持续提升,双方也成为互为重要的货物贸易伙伴。

表2-4　　　　阿拉伯国家在中国货物进出口贸易中占比　　　(单位:%)

	1995年	2000年	2005年	2010年	2015年	2016年	2017年	2018年	2019年
出口	2.19	2.56	3.10	4.11	5.06	4.80	4.36	4.23	4.81
进口	1.53	3.92	4.19	5.77	5.21	4.43	5.05	6.52	7.51
进出口	1.88	3.21	3.61	4.89	5.12	4.64	4.67	5.28	6.04

资料来源:UNCTAD, UNCTADSTAT Database, https://unctadstat.unctad.org/wds/ReportFolders/reportFolders.aspx?sCS_ChosenLang=en, 2020-11-2.

首先,在中国货物进出口贸易的构成中,1995—2019年,阿拉伯国家占比由1.88%快速提升至6.04%,其中,对阿拉伯国家进口占比由1.53%快速提升至7.51%。但与对阿拉伯国家进口不同的是,阿拉伯国家在中国货物出口贸易中的占比由1995年的2.19%上升至2017年的4.36%以后,便结束了上升势头,并基本稳定在4%—5%之间。

表2-5 中国在阿拉伯国家货物进出口贸易中占比 （单位:%）

	1995年	2000年	2005年	2010年	2015年	2016年	2017年	2018年	2019年
出口	1.39	4.91	6.05	8.89	10.28	9.35	10.32	12.46	13.59
进口	2.67	4.36	7.01	10.48	14.01	13.45	14.20	14.26	15.49
进出口	2.01	4.70	6.4	9.5	12.2	11.4	12.1	13.2	14.4

资料来源:UNCTAD, UNCTADSTAT Database, https://unctadstat.unctad.org/wds/ReportFolders/reportFolders.aspx? sCS_ChosenLang=en, 2020-11-2.

其次,在阿拉伯国家货物进出口构成中,1995—2019年,对华贸易在阿拉伯国家货物进出口贸易中所占比重由2.01%上升至14.4%,其中,对华出口占比由1.39%上升至13.59%,货物进口占比由2.67%上升至15.49%。

（五）中国与阿拉伯国家经贸关系发展由贸易转向投资的必要性

尽管进入21世纪以来,中国对阿拉伯国家货物进出口贸易取得快速发展。然而，随同中国居民收入水平的快速提升，与很多发展中国家相比，中国在很多低技术含量和中等技术含量工业制成品生产上的相对比较优势正在收窄，这也为中国工业制造业企业走出国门，在海外开展境外投资提出了现实需求。而中国与阿拉伯国家经贸关系发展由贸易向投资转变的必要性主要来自中国对阿拉伯国家工业制成品出口陷入低速增长以及欧洲产业供给体系向自身与周边转移两个方面。

（1）中国对阿拉伯国家工业制成品出口陷入低速增长。改革开放之后，特别是加入世界贸易组织之后，中国对阿拉伯国家货物出口贸易取得快速增长，然而，2014年以后，对阿拉伯国家工业制成品出口增速却出现明显下滑。2014—2019年，中国对阿拉伯国家工业品出口年均增速仅为1.1%，明显低于2007—2014年14.0%的年均增速，更是大幅低于2001—2007年，高达37.1%的年均增长速度。

而分类别来看，与2007—2014年相比，2014—2019年，中国对阿拉伯国家出口各类技术含量工业制成品的年均增长速度都有大幅度下降，其中，资源型工业制成品年均增速由14.83%降至1.71%，低技术含量工业制成品由14.34%降至-0.45%，中等技术含量工业制成品的年均增速由12.47%降至2.47%，高等

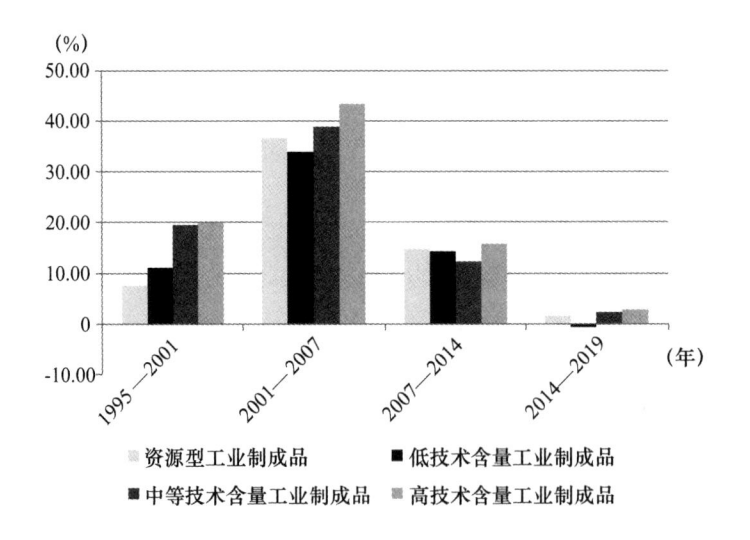

图 2-3　1995—2019 年中国对阿拉伯国家工业制成品出口的年均增速

资料来源：UNCTAD，UNCTADSTAT Database，https：//unctadstat.unctad.org/wds/ReportFolders/reportFolders.aspx？sCS_ChosenLang = en，2020 - 11 - 2.

技术含量工业制成品年均增幅由 16.00% 降至 3.00%。

（2）欧盟产业供给体系向周边市场转移。欧盟是全球重要的工业制成品消费市场，2019 年，欧盟工业制成品进口贸易额高达 4.4 万亿美元，占到全球工业制成品进口贸易总额的 33.4%。不过，近年来，从欧盟工业制成品的进口来看，欧盟产业供给体系有着向自身及周边地区转移的迹象。

首先，从欧盟区内工业制成品进口贸易的情况来看，2010—2015 年，欧盟区内工业制成品进口贸易额在工业制成品进口贸易总额中占比由 62.9% 下降至 62.1%，但到 2019 年，该指标却上升至 63.2%，超过

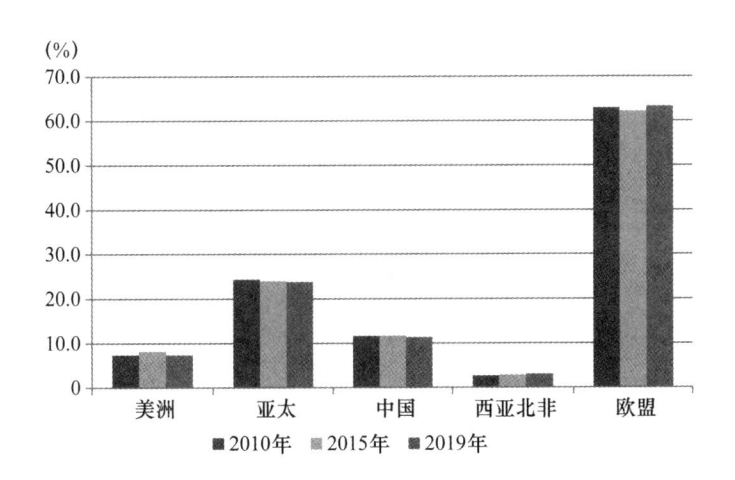

图 2-4 欧盟工业制成品进口来源构成

注：欧盟国家系指代欧盟 28 国。

资料来源：UNCTAD，UNCTADSTAT Database，https：//unctadstat.unctad.org/wds/ReportFolders/reportFolders.aspx？sCS_ChosenLang=en，2020-11-2.

2010 年水平。而分商品类别来看，高等技术含量中的工业制成品中的电子产品在欧盟区内进口贸易中占比提升最快，2015—2019 年，欧盟区内贸易占比从 41.3% 上升至 47.5%。此外，低技术含量中的工业制成品中的纺织、服装和鞋类，中等技术含量中的工业制成品中的电器与电子产品零部件的区内进口贸易在欧盟进口贸易中占比提升也较快，2015—2019 年，两者分别从 40.4% 和 63.1% 上升至 45.5% 和 65.0%。

其次，从欧盟对西亚北非国家工业制成品进口贸易的变化情况来看，2010—2019 年，西亚北非国家生产工业制成品在欧盟市场份额不断扩大，2010 年西亚北非国家工业制成品在欧盟工业制成品进口贸易总额中占比为2.6%，2015年上升至2.8%，2019年进一步上升至3.0%。而分商品类别来看，2015—2019年，西亚北非国家所产（非农业）资源密集型工业制成品在欧盟同类商品进口贸易中占比提升幅度最大，由5.6%上升至5.8%。除资源密集型工业制成品，西亚北非国家所产中等技术含量中的工业制成品中的电子产品，中等技术含量中的其他（非电子产品）在欧盟同类商品进口贸易中占比也有一定提高，2015—2019年，两者占比分别从7.2%和3.0%上升至7.9%和3.4%。

然而，在欧盟工业制成品进口贸易向自身及周边区域转移的同时，中国工业制成品在欧盟市场竞争力却开始出现下降。从2010年开始，欧盟对华工业制成品进口贸易已结束快速上涨的态势，2010—2015年，欧盟对华工业制成品进口贸易在欧盟工业制成品进口贸易中占比仅从11.2%上升至11.7%，而到2019年，该数值下降为11.4%。而分商品类别来看，2015—2019年，中国所产低技术含量中的工业制成品中的纺织、服装和鞋类，在欧盟同类商品进口贸易中占比降幅最大，由24.2%降至19.1%。除低技术含量中的工业制成品中的纺织、服装和鞋类，中国所产高等技术含量中的电子产品（非零部件）、中等技术含量中的电子产品（非零部件）在欧盟同类商品进口贸易中占比降幅也较大，2015—2019 年，两者占比分别从 37.8%和 29.3%下降至 35.3%和 26.9%。

不过，整体来看，欧盟产业向自身与周边区域的调整仍主要集中于消费类工业制成品的组装方面。与最终形态工业制成品相比，零部件与组件等工业生产中间产品从中国向欧盟及其周边区域转移的速度相对较慢。例如，中等技术含量中的工业制成品中的电器与电子产品零部件一项，2015—2019 年，欧盟从自身与西亚北非国家进口占比合计从 65.6%仅上升至 67.4%；高等技术含量中的工业制成品中的电器与电子产品零部件一项，2015—2019 年，欧盟从自身与西亚北非国家进口占比合计仍从 39.3%下降至 38.5%，而同期，欧盟对中国这两项工业制成品进口占比分别从 12.3%和 28.8 %上升至 12.6%和 31.2%。

（3）中国对阿拉伯国家由贸易合作向投资合作转变的必要性。从中国对阿拉伯国家、对欧盟国家工业制成品出口贸易的变化来看，2015 年前后，中国对阿盟、欧盟货物出口贸易的发展出现明显放缓的迹象。而分商品类别来看，中国拥有完整产业链体系的低技术含量纺织服装与鞋帽，中等技术含量电子产品，高技术含量电子产品在阿盟、欧盟市场所受冲击最大。而在中国生产工业制成品在欧盟市场所占份额出现下降的同时，西亚北非地区对欧盟工业制成品的出口能力却有一定提升，并与中国产品在欧盟市场形成竞争。

尽管在以零部件为代表的中间形态工业制成品方面，中国对欧出口还未受到欧盟产业链调整的太大冲击，然而，上述产业也将是欧盟、阿拉伯国家未来布局的重点行业，而随着欧盟及其周边国家零部件生产体系的建立，中国对欧盟工业制成品的出口贸易必然会受到比当前更为巨大的冲击。因此，主动参与到欧盟产业供给体系的调整进程中，推动中国优质企业在与欧盟地理位置毗邻的阿拉伯国家开展制造业产业投资，对于中国相关企业继续保持全球竞争力也就显得尤其重要。

三　中国与阿拉伯国家开展产能合作环境分析

中国与阿拉伯国家在工业制造业部门开展国际产能合作具有良好的政策对接性，而阿拉伯国家丰富的能源资源禀赋以及优越的国际贸易条件，也为其发展工业制造业提供了巨大的潜在比较优势。然而，资源分布不均衡、薄弱的工业制造业基础却构成了阿拉伯国家工业制造业发展的重要阻碍。

（一）中国与阿拉伯国家产能合作政治环境

中国与阿拉伯国家开展国际产能合作具有非常强的政策对接性。首先，从中国来说，由跨国产业投资带动的工业制造业领域的国际产能合作是"一带一路"倡议的重要组成部分，也是中国与阿拉伯国家、与非洲国家经贸合作的重要内容。中国在2016年1月出台的《中国对阿拉伯国家政策文件》中明确提出要"对接中国产能优势和阿拉伯国家需求,与阿拉伯国家开展先进、适用、有效、有利于就业、绿色环保的产能合作,支持阿拉伯国家工业化进程"[①]。而2018年发布的《中国和阿拉伯国家合作共建"一带一路"行动宣言》,再次重申"产能对接"是中国与阿拉伯国家合作的四大行动计划之一,并提出设立150亿美元中东工业化专项贷款用于支持中东国家的工业发展。[②]此外,2015年发布的《中国对非洲政策文件》明确提出要"将优先支持非洲工业化进程作为新时期中国对非合作的突破口和着力点"[③]。2018年发布《关于构建更加紧密的中非命运共同体的北京宣言》也提出要促进"双方'一带一路'产能合作,加强双方在非洲基础设施和工业化发展领域的规划合作"[④]。

其次,在阿拉伯国家方面,很多阿拉伯国家都是将工业制造业发展看作提升国民生活水平、改善就

[①] 《中国对阿拉伯国家政策文件(全文)》,载外交部网站:http://www.fmprc.gov.cn/web/zyxw/t1331327.shtml,2016-01-13.

[②] 《中国和阿拉伯国家合作共建"一带一路"行动宣言》,载中非合作论坛网站:http://www.chinaarabcf.org/chn/zagx/gjydyl/t1577010.htm,2018-07-10.

[③] 《中国对非洲政策文件(全文)》,载中国外交部网站:http://www.fmprc.gov.cn/web/zyxw/t1321556.shtm,2015-12-05.

[④] 《关于构建更加紧密的中非命运共同体的北京宣言》,载2018年中非合作论坛北京峰会网站:https://focacsummit.mfa.gov.cn/chn/hyqk/t1591944.htm,2018-09-05.

业，以及实现经济多样化的重要举措。例如，沙特阿拉伯2019年2月宣布启动《国家工业和物流发展规划》，该规划作为沙特阿拉伯《2030愿景》的重要组成部分，旨在推动工业、矿业、能源和物流四大产业升级发展，根据该规划，在2030年前，沙特阿拉伯上述四大产业对经济的贡献将达到1.2万亿里亚尔（约合3200亿美元），吸引总投资1.7万亿里亚尔（约合4260亿美元），并创造160万个就业岗位，沙特阿拉伯非石油出口将增至1万亿里亚尔（约合2670亿美元）①。阿联酋迪拜酋长国提出《2030工业发展战略》，该战略计划划定了迪拜优先发展的工业部门，包括航天、海运、铝业和金属加工、制药和医疗器械制造、食品饮料及机械设备等，计划的目标是到2030年，工业部门产值再提高约合50亿美元，为社会经济创造附加值450亿美元，新创造27000个就业岗位，并预期拉升出口44亿美元。②阿曼政府也充分认识到制造业对就业和经济增长的带动作用，2019年1月出台了《2040制造业发展战略》，该规划确立了阿

---

① 《沙特启动国家工业发展和物流计划》，载新华网：http://www.xinhuanet.com/world/2019－01/29/c_1124059015.htm，2020－1－5.
② 《迪拜启动2030工业发展战略计划》，载中国驻阿联酋经商处网站：http://ae.mofcom.gov.cn/article/jmxw/201606/20160601348654.shtml，2019－7－1.

曼重点发展的 30 个制造业部门，具体包括：以石油天然气、农产品、铁矿石等矿产品为原料的 15 个资源密集型制造业部门；金属加工、发电机、电动汽车、输配电设备等 9 个资金密集型制造业部门，以及与健康、环境相关的 6 个知识密集型制造业部门，战略的目标是到 2040 年，将制造业部门增加值提升到 525 亿美元，其中，中高技术含量制造业增加值提升到 156 亿美元，将工业制成品出口贸易额提升到 348 亿美元。①2016 年，埃及推出的《2030 愿景》明确设定了制造业发展目标，即到 2030 年，将埃及制造业增加值增长率由当时的 5% 提升至 10%，将制造业增加值在国内生产总值中所占比重由当时的 12.5% 提高至 18%。② 此外，为推动《2030 愿景》设定制造业发展目标的落实，③ 同年，埃及出台的《2016—2010 年工业与贸易发展战略》进一步细化了制造业发展的具体推进措施。④ 而摩

---

① "Manufacturing for Wellbing": The Sultanate of Oman's Manufacturing Strategy 2040, UNIDO, https://open.unido.org/api/documents/15202854/download/Oman%20Manufacturing%20Strategy-%20En%20-%20for%20web.pdf.

② See Cabinet of Ministers of Egypt, "2030 Egypt Vision", http://www.cabinet.gov.eg/Style%20Library/Cabinet/pdf/sds2030_summary_arabic.pdf, 2019-05-25.

③ See Cabinet of Ministers of Egypt, "2030 Egypt Vision", http://www.cabinet.gov.eg/Style%20Library/Cabinet/pdf/sds2030_summary_arabic.pdf, 2019-05-25.

④ See Ministry of Trade and Industry of Egypt, op. cit., pp. 71-76.

洛哥在 2009 年出台的《国家工业振兴计划》、2014 年出台的《2014—2020 年工业加速计划》之后,也正在准备推出《2021—2025 年工业加速计划》,旨在实现工业制造业发展的优化升级。[①]

因此,根据中国出台的"一带一路"倡议相关对阿拉伯国家、对非经济合作政策文件,以及很多阿拉伯国家出台的经济及工业发展战略,双方在工业制造业部门开展国际产能合作具有非常强的政策对接性。

(二)阿拉伯国家的信用和风险环境

结合全球三大评级机构对阿拉伯国家所做的主权信用风险评级以及阿拉伯国家的财政收支情况,阿拉伯国家,特别是油气出口国的偿债能力和政府支付能力已经大不如前。这也意味着,阿拉伯国家中,仅有阿联酋、科威特、卡塔尔等少数国家还有能力依靠政府力量大力推进各国经济发展计划的落实和基础设施项目的建设。而在大型项目的合作中,很多国家受制于偿债能力的下降或是赤字规模的扩大,存在着不同程度的政府违约风险。

[①] 中国驻摩洛哥经商处网站:《摩洛哥将推出 2021—2025 年工业加速计划》,2019 – 10 – 9。

1. 阿拉伯国家主权信用风险分析

根据穆迪、标准普尔、惠誉三大评级机构对主要阿拉伯国家所做的风险评级，阿拉伯国家中具有投资级别的国家有五个，分别是阿联酋、科威特、卡塔尔、沙特阿拉伯和摩洛哥。其中，卡塔尔、阿联酋、科威特的评级都为中上级，意味着上述国家信用质量很高，有较低的信用风险。与卡塔尔等三国相比，沙特阿拉伯主权信用风险较差一些，按照三大机构的评级，尽管沙特阿拉伯投资品质优良，但其偿债能力较易受外在环境及经济状况变动的不利因素的影响，未来存在还本付息能力下降的可能。除上述"海合会"国家外，标准普尔和惠誉也给予摩洛哥投资级评级，但摩洛哥所获投资级评级为最低级别，两大机构认为，摩洛哥现在的信贷风险较低，具有足够的定期偿付债务的能力，但在恶劣的经济条件或外在环境下，其偿债能力可能较脆弱，而穆迪给予摩洛哥的评级则是投机级的最高等级。

在不具有投资价值的国家中。仅有阿曼的情况较好，三大评级机构都是给予阿曼投机级别的最高等级，根据该评级，尽管阿曼当前仍具有偿债能力，但经济负面变化或恶劣的商业、金融、经济条件可能会使其失去足够的偿债能力。与阿曼相比，其他阿拉伯的主权信用风险则更高，约旦、巴林、埃及、突尼斯等国主权信用评级表明这些国家还本付息，或长期内履行合同中其他条款的保证极小，对这些国家投资具有极高的投机性。而黎巴嫩的主权信用评级已被归为劣质，该国违约的可能性很高，同时存在危及本金安全的因素。

表3-1　三大评级机构对主要阿拉伯国家主权信用风险的评级情况

	穆迪（Moody's）	标准普尔（S&P）	惠誉（Fitch）
阿联酋	Aa2	AA	AA
科威特	Aa2	AA	AA
卡塔尔	Aa3	AA-	AA-
沙特阿拉伯	A1	A-	A
摩洛哥	Ba1	BBB-	BBB-
阿曼	Ba1	BB	BB+
约旦	B1	B+	BB-
巴林	B2	B+	BB-
埃及	B2	B	B+
突尼斯	B2	—	B+
利比亚	—	—	B
伊拉克	—	—	B-
黎巴嫩	Caa2	CCC	CC

注：穆迪A，标准普尔BBB⁻、惠誉BBB⁻及以上内具有投资价值；穆迪B₁，标准普尔B⁺、惠誉B⁺以下内具有高度投机性和具有高风险。浅色阴影代表具有投资价值；深色阴影代表具有高度投机性或是具有高风险。

资料来源：Sovereigns Ratings List, https://countryeconomy.com/ratings, 2019-11-2.

从三大评级机构对阿拉伯主权信用评级的情况来

看，阿拉伯国家的主权信用风险非常高。不但很多非产油国存在较高的主权信用风险，原本相对富裕的"海合会"国家，包括阿曼、巴林的主权信用风险也都已滑落至非投资级别。

2. 阿拉伯国家财政平衡分析

在政府财政平衡方面，阿拉伯油气出口国常年都有政府预算盈余。当前存在财政赤字的国家主要集中在非油气出口国。然而，2010—2011年"中东变局"爆发之后，随着民生支出的增加，大多数阿拉伯国家的财政平衡状况开始恶化，特别是在2014年以后，国际油价下跌并进入低位均衡，很多阿拉伯产油国也开始出现十分严重的财政赤字问题。如果用1991年《欧洲联盟条约》确立的财政赤字与GDP之比3%的安全线作为衡量标准。实际上，近年来，在所有阿拉伯国家中，也仅有卡塔尔、科威特、阿联酋三个石油富国将政府赤字率控制在警戒线以下，而其他国家，包括原本较为富裕的油气资源大国，都陷入了30年来未曾遇到的政府财政危机。例如，在海湾地区，2014—2016年和2017—2019年，沙特阿拉伯政府赤字与GDP之比的均值分别高达12.2%和7.3%，同期，阿曼政府赤字与GDP之比均都超过了10%，在北非地区，2014—2016年和2017—2019年，阿尔及利亚政府赤字与GDP之比的均值分别高达11.9%和6.1%。而且，根据国际货币基金组织的预测，到2024年以前，大多数阿拉伯国家的政府财政危机并不会有所缓和。

表3-2　　　　　主要阿拉伯国家的政府财政平衡情况　　　　（单位:%）

	1990年	1995年	2000年	2005年	2010年	2015年	2018年	2020年	2024年
阿尔及利亚	3.2	0.6	9.7	13.6	0.0	-15.3	-4.8	-5.8	-0.3
巴林	-7.1	-4.2	7.6	2.9	-5.8	-18.4	-11.9	-8.1	-8.7
埃及	—	—	1.3	-6.7	-7.4	-10.9	-9.4	-7.0	-3.3
伊拉克	—	—	—	4.1	-4.2	-12.8	7.9	-3.5	-7.2
约旦	-7.5	-1.7	-4.1	-5.6	-8.0	-8.5	-4.8	-3.2	-2.0
科威特	-32.0	-1.9	31.6	43.3	26.0	5.6	8.7	3.8	0.7
黎巴嫩	-30.2	-13.7	-24.0	-8.6	-7.5	-7.5	-11.0	-11.5	-15.3
摩洛哥	-1.4	-2.7	-2.1	-5.9	-4.3	-4.2	-3.7	-3.3	-3.0
阿曼	5.5	-4.5	13.9	12.8	5.6	-15.9	-7.9	-8.4	-8.9
卡塔尔	2.7	-4.9	4.7	10.7	6.8	4.5	5.3	6.9	5.3
沙特阿拉伯	—	-5.1	3.2	18.0	4.4	-15.8	-5.9	-6.6	-6.2
苏丹	-16.2	-3.5	-0.7	-1.9	0.1	-3.8	-7.7	-11.1	-15.8
突尼斯	—	-4.7	-3.4	-2.7	-0.5	-5.3	-4.6	-3.6	-1.3
阿联酋	—	3.6	10.6	16.0	0.5	-3.4	1.2	-2.8	-2.0
也门	-10.3	-5.7	6.1	-1.8	-4.1	-10.0	-6.3	-7.2	2.1

注：浅色阴影表示存在政府财政赤字，但赤字水平与GDP之比在3%以下；深色阴影表示财政赤字超过3%警戒线。

资料来源：IMF, World Economic Outlook Database, October 2019, 2019-12-26.

政府陷入财政危机，首先意味着阿拉伯国家的政府用于基础设施等发展性项目的资金获取受到巨大约束。根据阿拉伯国家政府财政收支平衡状况，在赤字财政的压力下，除阿联酋、科威特、卡塔尔等极少数国家，绝大多数阿拉伯国家，包括沙特阿拉伯、阿曼、阿尔及利亚等该地区油气资源大国，已经很难在国家发展性项目上做出巨大投入，而阿拉伯国家私人部门投资能力又普遍偏低，包括交通、电力、港口基础设施、职业教育培训、信息网络建设领域的发展主要依靠政府部门投入。因此，在财政资金短缺的束缚下，包括沙特阿拉伯《2030愿景》、巴林《2030经济愿景》等各国推出的经济发展战略，在具体落实的过程中，也将会遇到巨大困难。而面对上述阻碍，阿拉伯国家也将会通过推出建设—转让（BT）、建设—经营—转让（BOT）、建设—拥有—经营（BOO）、建设—拥有—经营—转让（BOOT）等需具有带资承包性质的工程承包模式，吸引国内私人资本和国际投资者参与国内发展性项目的建设。

更为重要的是，政府陷入财政危机，也意味着阿拉伯国家、特别是产油国解决国内危机能力受到削弱，国内投资风险将显著增加。政府削减财政支出，导致居民获得感下降引发社会动荡在阿拉伯国家屡见不鲜，2010年"中东变局"爆发，与突尼斯本·阿里政府、埃及穆巴拉克政府试图削减食品补贴密切相关。而"中东变局"之所以未能在产油国掀起太大波澜，主要是与产油国执行扩张性财政政策,通过政府提供就业岗位、加大财政补贴力度等手段平息国内民怨有关。例如,在"中东变局"政治运动中,2011年1月中旬,阿曼国内就出现了零星的抗议活动,抗议的内容则是要求增加工资、降低生活成本,要求政府增加就业岗位。此后,阿曼国内动荡局势不断升级。直到2月下旬,阿曼苏丹卡布斯承诺增加50000个政府工作岗位,为失业人员每月提供390美元的补助等一系列惠及民生政策后,阿曼国内局势才逐渐控制下来。

而近几年,在低油价的影响下,一些阿拉伯油气资源国面对财政赤字的增加,调整财政支出的计划也已开始对国内政治稳定形成严重冲击。例如,阿尔及利亚布特弗利卡政府从2016年初开始执行燃油和粮食补贴削减计划,而补贴削减直接导致燃油价格大幅上涨、食品供给出现短缺。在燃油方面,2016年削减补贴之前,阿尔及利亚优质汽油的价格为23.25第纳尔/升,2018年升至41.97第纳尔/升,涨幅高达80.5%。而在粮食供给方面,根据阿尔及利亚面包协会的消息,由于政府固定面包销售价格,却无法为面包店提供低价面粉,2017年1—12月,阿尔及利亚全国面包店数量由2.1万家降至1.8万家,首都阿尔及尔面包店数量则从1400家猛降至630家,而上述民生问题在阿尔及利亚引起持续不断的游行示威运动,最终迫使布特弗利卡退出2019年的总统选举。

国家财政问题引发政治危机的情况，在伊拉克的表现也非常明显。2018年，迈赫迪政府上台之后，推出了扩张性的财政政策，将2019年伊拉克财政支出与GDP之比由2018年的32.0%提升至43.9%，支出总额由2018年104.2万亿第纳尔大幅提升至128.4万亿第纳尔，同比增幅为23.2%。然而，迈赫迪政府执行的扩张性财政政策更加偏向于利益既得者，却完全忽视普通民众的生计，最终引发了严重的国内政治危机。

（三）阿拉伯国家的资源环境

阿拉伯国家工业制造业发展所拥有的资源优势主要来自丰富的油气资源与太阳能光热资源所带来的能源资源禀赋以及阿拉伯国家与欧盟、美国以及地区国家之间通过签订双边或多边贸易协定获得的优越的贸易环境。然而，在劳动力供给方面，由于存在严重的人口老龄化问题，以及存在巨大的教育赤字，阿拉伯国家中仅有约旦、阿尔及利亚、埃及等少数国家拥有工业制造业发展所需的"人口红利"。

1. 能源资源

阿拉伯国家中，有很多国家是全球重要的石油、天然气生产大国，在全球能源市场中占有重要地位。而在可再生能源供给方面，阿拉伯国家拥有全球最为优质的光热资源，光伏发电具有巨大潜力。而充足的能源资源供给，赋予阿拉伯国家在发展能源消耗较大的重工业和化工业方面具备较强的潜在比较优势。

首先，在石油资源储量和石油生产方面。根据BP的数据，截至2018年底，阿拉伯主要石油资源国可探明石油储量高达17297亿桶，占到全球常规石油探明总额的43.3%，2018年，阿拉伯主要石油资源国石油总产量为3018万桶/日，占到全球石油总产量的31.9%。根据联合国贸易与发展会议数据，2018年，阿拉伯产油国原油出口贸易额为4376亿美元，占到全球石油出口贸易总额的39.1%。总体来看，阿拉伯国家石油资源的分布较为分散，伊拉克、科威特、阿曼、卡塔尔、沙特阿拉伯、阿联酋、阿尔及利亚、利比亚等国的资源量均十分丰富。

表3-3 2018年阿拉伯国家主要石油资源国石油储量、产量及出口情况

	储量（亿桶）	储量全球占比（%）	产量（万桶/日）	产量全球占比（%）	出口额（亿美元）	出口额全球占比（%）
伊拉克	1472	8.5	461.4	4.9	846	7.6
科威特	1015	5.9	304.9	3.2	350	3.1
阿曼	54	0.3	97.8	1.0	217	1.9
卡塔尔	252	1.5	187.9	2.0	181	1.6
沙特阿拉伯	2977	17.2	1228.7	13.0	1676	15.0

续表

	储量（亿桶）	储量全球占比（%）	产量（万桶/日）	产量全球占比（%）	出口额（亿美元）	出口额全球占比（%）
叙利亚	25	0.1	2.4	0.0	1	0.0
阿联酋	978	5.7	394.2	4.2	700	6.2
也门	30	0.2	6.8	0.1	7	0.1
阿尔及利亚	122	0.7	151.0	1.6	152	1.4
埃及	33	0.2	67.0	0.7	35	0.3
利比亚	484	2.8	101.0	1.1	199	1.8
苏丹	15	0.1	10.0	0.1	3	0.0
突尼斯	4	0.0	5.0	0.1	9	0.1
阿拉伯国家	7461	43.1	3018.0	31.9	4376	39.1

资料来源：BP, BP Statistical Review of World Energy 2019, June 2019, http://www.bp.com/statisticalreview; UNCTAD, UNCTADSTAT, http://unctadstat.unctad.org/wds/ReportFolders/reportFolders.aspx, 2019－11－16.

其次，在天然气资源储量和天然气产量方面。根据BP的数据，截至2018年底，阿拉伯主要天然气资源国可探明天然气储量为51.1万亿立方米，占到全球天然气探明总额的25.9%，2018年，阿拉伯主要天然气资源国天然气总产量为5983亿立方米，占到全球天然气总产量的15.5%。根据联合国贸易与发展会议数据，2018年，阿拉伯国家天然气出口贸易额为594亿美元，占到全球石油出口贸易总额的30.9%。总体来看，阿拉伯国家天然气丰富程度远不如石油，并且，天然气的分布也十分不均衡。在阿拉伯国家中，卡塔尔天然气资源最为丰富，可探明储量占到阿拉伯国家总储量的一半,出口贸易额占到阿拉伯国家天然气总产量的60%。然而,与石油资源相比,阿拉伯国家天然气资源的分布相对集中,仅有卡塔尔和阿联酋具有较强的天然气出口能力。

表3-4　2018年阿拉伯国家主要天然气资源国天然气储量、产量及出口情况

	储量（万亿立方米）	储量全球占比（%）	产量（亿立方米）	产量全球占比（%）	出口额（亿美元）	出口额全球占比（%）
巴林	0.2	0.1	148	0.4	—	—
伊拉克	3.6	1.8	130	0.3	—	—
科威特	1.7	0.9	175	0.5	—	—
阿曼	0.7	0.3	360	0.9	37	1.8
卡塔尔	24.7	12.5	1755	4.5	357	17.6
沙特阿拉伯	5.9	3.0	1121	2.9	2	0.1
叙利亚	0.3	0.1	36	0.1	—	—
阿联酋	5.9	3.0	647	1.7	50	2.4
也门	0.3	0.1	6	0.0	4	0.2
阿尔及利亚	4.3	2.2	923	2.4	128	6.3
埃及	2.1	1.1	586	1.5	7	0.3
利比亚	1.4	0.7	98	0.3	9	0.4
阿拉伯国家	51.1	25.9	5983	15.5	594	30.9

资料来源:BP, BP Statistical Review of World Energy 2019, June 2019, http://www.bp.com/statisticalreview; UNCTAD, UNCTADSTAT, http://unctadstat.unctad.org/wds/ReportFolders/reportFolders.aspx, 2019-11-16.

最后,在可再生能源资源方面。西亚北非地区是全球光热资源最为丰富的地区,而且,光热资源在阿

拉伯国家的分布非常平均。除波斯湾沿岸和地中海沿岸地区每千瓦光伏电池板平均年发电量介于 1753—1899 千瓦外，其他地区的发电量都在 1900 千瓦以上。

根据美国咨询公司 Lazard 在 2018 年 11 月发布的报告，在不考虑联邦政府税收优惠的情况下美国全生命周期平准化成本（LCOE）最低的电力来源分别是风力发电，29—56 美元/兆瓦时；薄膜大型地面光伏，36—44 美元/兆瓦时；晶硅大型地面光伏，40—46 美元/兆瓦时；天然气联合循环，41—74 美元/兆瓦时。[1] 而该数据表明，在传统能源领域，天然气是发电能最低的能源品种，而在资源储量较好的地区，大型光伏发电场也可将可再生能源成本压到传统能源的价格水平。因此，阿拉伯国家丰富的天然气资源和光热资源，为其提供了充足的能源供给，也为其发展能源消耗较大的资金密集型工业制造业提供了巨大的潜在比较优势。

2. 人力资源

在劳动力资源方面，由于老龄化加速发展以及存在十分巨大的人口教育赤字，大多数阿拉伯国家并不

---

[1] Lazard, *Lazards Levelized Cost of Energy Analysis-version 12.0*, 2018, https://www.lazard.com/media/450784/lazards-levelized-cost-of-energy-version-120-vfinal.pdf, 2019-11-11.

具备发展工业制造业的人力资本优势。

首先,阿拉伯国家老龄化十分迅速,"人口红利"集中于少数国家。很多从事中东研究的学者认为阿拉伯国家存在很多经济、社会问题归因于年轻人多,就业压力大,然而,阿拉伯国家人口年龄结构中位数的数据却表明,阿拉伯国家人口已不再"年轻"。从人口学的角度来说,年龄中位数向上移动的轨迹,反映了人口总体逐渐老化的过程。对比阿拉伯国家与世界人口年龄中位数的数值可以看到,2000年和2010年,阿拉伯国家人口年龄中位数介于20—24岁,所处位置低于全球25—29岁的区间水平,但在2018年,阿拉伯国家人口年龄中位数上升至25—29岁的区间水平,与世界人口处于同一区间水平。这表明,阿拉伯国家人口年轻结构相较于世界平均水平已不再年轻,正处于逐渐老化的进程之中。

国际上通常用年龄中位数指标作为划分人口年龄构成类型的标准,具体划分为:第一,年龄中位数在20岁以下为年轻型人口;第二,年龄中位数在20—30岁之间为成年型人口;第三,年龄中位数在30岁以上为老年型人口。按此标准划分,2010年,阿拉伯国家中仅有3个国家进入老龄化社会,而到2018年,进入老龄化社会的阿拉伯国家已经快速上升至7个。

表 3-5　　　　　　　主要阿拉伯国家人口年龄中位数

	2000 年	2010 年	2018 年
苏丹	15—19	15—19	15—19
也门	15—19	15—19	15—19
埃及	20—24	20—24	20—24
伊拉克	15—19	15—19	20—24
约旦	15—19	20—24	20—24
阿尔及利亚	20—24	25—29	25—29
黎巴嫩	20—24	25—29	25—29
摩洛哥	20—24	25—29	25—29
突尼斯	20—24	25—29	30—34
阿曼	20—24	25—29	30—34
沙特阿拉伯	20—24	25—29	30—34
巴林	25—29	30—34	30—34
阿联酋	30—34	30—34	30—34
卡塔尔	30—34	30—34	30—34
科威特	30—34	30—34	35—39
阿拉伯国家	20—24	20—24	25—29
印度	20—24	20—24	25—29
OECD 国家	30—34	35—39	35—39

注：浅色阴影表示低于世界平均水平；深色阴影表示高于世界平均水平。
资料来源：World Bank，WDI Database，http：//databank.worldbank.org/data/reports.aspx？source=world-development-indicators，2019-08-01.

其次，阿拉伯国家劳动力素质远低于同等收入国家，存在教育赤字。对比阿拉伯国家人均 GDP 全球排名与受教育年限中位数的全球排名，便可以发现，阿拉伯国家人均GDP排名要远远高于国民受教育年限中位数的全球排名，2018年阿拉伯国家人均GDP约为6607美元，全球排名约为86位，而其人均受教育年限仅为7.1年，全球排名仅为124位，人均GDP排名较人均受教育年限高出38位，两者形成强烈的对比反差意味着阿拉伯国家存在一定的教育赤字，阿拉伯国家国民受教育水平要低于同等收入国家，从而使其在国际竞争中处于劣势。分国别来看，阿拉伯国家中仅有约旦和埃及存在较大教育红利，除约旦外，阿尔及利亚、突尼斯、苏丹的教育与收入也基本处于同等水平。除上述少数国家外，阿拉伯其他国家都存在严重的教育赤字，油气资源国以及摩洛哥的赤字水平尤其严重。

表3-6　　　　2018年主要阿拉伯国家教育赤字的衡量

	人均GDP（美元）	人均GDP排名	人均受教育年限（年）	人均受教育年限排名	人均受教育年限排名-人均GDP排名
卡塔尔	70780	6	11.5	43	-37
阿联酋	40711	25	11.8	37	-12
科威特	30839	33	7.3	126	-93
巴林	25851	37	9.4	86	-49
沙特阿拉伯	23566	40	9.7	85	-45
阿曼	19302	46	9.7	79	-33
黎巴嫩	9257	74	8.7	99	-25
利比亚	6692	88	7.6	121	-33
伊拉克	5930	94	7.3	123	-29

续表

	人均GDP（美元）	人均GDP排名	人均受教育年限（年）	人均受教育年限排名	人均受教育年限排名-人均GDP排名
约旦	4278	111	10.5	64	47
阿尔及利亚	4238	113	8.0	111	2
突尼斯	3423	125	7.2	126	-1
摩洛哥	3359	127	5.5	151	-24
埃及	2573	134	7.3	122	12
也门	873	170	3.2	180	-10
苏丹	808	175	3.7	175	0
阿拉伯国家	6607	86	7.1	124	-38
南亚	1903	145	6.5	141	-4
撒哈拉以南非洲	1585	150	5.7	149	-1

资料来源：IMF, World Economic Outlook Database, October 2019, 2019-12-26; UNDP, 2019 Human Development Data, http://hdr.undp.org/en/data, 2019-12-1.

结合阿拉伯国家人口年龄结构以及教育赤字所反映的劳动力素质短板，大多数阿拉伯国家都不宜发展对劳动力有较高依赖的产业部门。在阿拉伯国家中，也仅有约旦、埃及、阿尔及利亚、突尼斯等极少数国家仍具备发展劳动密集型制造业的"人口红利"。

（四）阿拉伯国家的贸易环境

根据国际贸易理论，自由贸易区建设所带来的贸易成本的降低能够进一步凸显要素禀赋的重要性。① 而国际贸易也表明，贸易条件与其他物质、人力资源相似，也是一种资源禀赋。国际贸易条件的改善可有效拓展国家产业发展的外层空间。②

从贸易条件来看，阿拉伯国家是与欧、美签署优惠贸易协定最为集中的地区，也是贸易条件最为优越的地区。在对美贸易关系的发展上，截至2018年底，巴林、约旦、摩洛哥、阿曼都与美国签订了自由贸易协定，上述国家对美出口的货物商品免征关税。此外，埃及、约旦则与美国签订《合格工业区协定》，根据协议，埃、约两国生产的，含有10.5%以色列成分的输美产品免征关税，且不受配额限制。

在对欧贸易关系的发展上，阿尔及利亚、埃及、约旦、黎巴嫩、摩洛哥、巴勒斯坦、突尼斯等国都与欧盟签订了合作伙伴协议，在该协议下，源于上述国家的工业制成品可以享受零关税的待遇进入25个欧洲国家。此外，埃及、"海合会"国家、约旦、摩洛哥、

---

① See Marius Brülhart, "Evolving Geographical Concentration of European Manufacturing Industries," *Review of World Economics*, Vol. 37, No. 2, 2011, pp. 215 – 243; Rikard Forslid, Jan I Haaland and Karen Helene Midelfar Knarvik, "A U-shaped Europe? A Simulation Study of Industrial Location", *Journal of International Economics*, Vol. 57, No. 2, 1999, pp. 273 – 297.

② World Bank, *2017/2018 Global Investment Competitiveness Report*, Washington D. C., 2018.

巴勒斯坦、突尼斯等国都与欧洲自由贸易联盟（EFTA）签订自由贸易协定。在该协议下，上述国家生产的工业制成品进入冰岛、列支敦士登、挪威和瑞士四国免征关税。

而在地区层面，除"海合会"六国在经济合作方面进入共同市场阶段外。约旦—埃及—突尼斯—摩洛哥签署具有自由贸易协定性质的阿加迪尔（Aghadir）协议。此外，巴勒斯坦、突尼斯、摩洛哥、埃及、叙利亚、约旦、黎巴嫩等国也与土耳其签署了自由贸易协定。

（五）阿拉伯国家的产业发展环境

贸易竞争力指数，即 TC（Trade Competitiveness）指数，是用来测度特定商品国际竞争力及其相关产业发达程度的常用指标，该值介于 -1—1 之间，取值越高，则表明商品的国际竞争力越强，一般而言，该指标介于 0.3—0.6 之间，表明商品具有较强的竞争优势，高于 0.6 则表明具有极强的竞争优势。通过计算《国家贸易标准》（修订 3）中 167 组工业制成品的贸易竞争力指数，可以看到，阿拉伯国家工业基础普遍十分薄弱，绝大多数国家都有 100 组以上工业制成品比较明显或十分明显的比较劣势。在阿拉伯国家中，只有"海合会"国家少数石化产品，埃及、约旦、摩洛哥、突尼斯等国少数劳动密集型工业制成品呈现出较强的国际竞争力。

表3-7　　　　　　　　阿拉伯国家贸易竞争力指数

	TC≥0.6	0.3<TC≤0.6	-0.3≤TC<0.3	-0.6<TC≤-0.3	TC≤-0.6	TC≥0.6 出口贸易额大于1亿美元货物商品
阿尔及利亚	4	1	4	1	158	肥料、无机化学品
阿联酋	3	5	102	42	16	铝、肥料
阿曼	7	8	30	43	80	有机化学品、塑料、钢铁、铝
埃及	13	5	21	23	106	服装、水泥、肥料、黄金、电视、无机化学品、室内铺地用品等
巴林	9	8	40	44	67	有机化学品、肥料、铝、钢铁、金属丝及围栏格栅制品
吉布提	1	2	8	10	146	黄金
卡塔尔	10	6	4	8	140	肥料、初级形态、有机化学品、铝、钢铁
科摩罗	2	0	4	5	154	无
科威特	8	5	10	10	135	塑料、有机化学品、肥料
黎巴嫩	4	3	14	14	133	无
利比亚	7	6	6	2	147	有机化学品、铁或非合金钢压延产品
毛里塔尼亚	5	1	6	5	151	工艺品、黄金
摩洛哥	12	4	16	13	123	服装、肥料
沙特阿拉伯	16	10	16	22	104	塑料、有机化学品、肥料、无机化学品
苏丹	5	1	3	5	154	黄金
突尼斯	13	7	39	24	85	服装、电视、表计和计数器、肥料、纺织制品

续表

	TC≥0.6	0.3<TC≤0.6	-0.3≤TC<0.3	-0.6<TC≤-0.3	TC≤-0.6	TC≥0.6出口贸易额大于1亿美元货物商品
叙利亚	1	9	15	22	121	无
也门	10	1	6	4	147	黄金
伊拉克	3	1	4	3	157	黄金
约旦	13	1	21	13	119	服装、肥料、无机化学品

资料来源：UNCTAD，*UNCTADSTAT*，http：//unctadstat.unctad.org/wds/ReportFolders/reportFolders.aspx，2019-11-16.

根据竞争优势理论，"柔性专精"生产条件所带来的以高生产效率、低生产成本、专业化的劳动力市场以及市场创造效应和生产的创新性所呈现的产业集群效应恰恰又是产业发达国家的核心特征。[1] 而通过计算阿拉伯国家的贸易竞争力指数可以看到，阿拉伯国家工业制造业基础并不牢固，极为薄弱的工业制造业基础，也意味着阿拉伯国家在工业制造业发展上缺乏必要的上下游支撑。

---

[1] ［美］迈克尔·波特：《国家竞争优势》，李明轩、邱如美译，中信出版社2012年版，第133页。

四 中国与阿拉伯国家产能的现状与阻碍

对外直接投资是国际产能合作的载体,然而,中国对阿拉伯国家直接投资规模比较有限,而且也不是以制造业为主,这也标示中国与阿拉伯国家的产能合作仍处于较低水平。总体来看,无论是国内制造业企业,还是工业园区,在阿拉伯国家开展投资与经营活动,都需面对许多阻碍,而恰恰是因为这些阻碍的存在,导致中国与阿拉伯国家产能合作始终未能取得突破,至今仍处于较低水平。

(一)中国与阿拉伯国家投资合作现状

跨国直接投资是制造业产业转移以及国际产能合作的重要形式。而从中国对阿拉伯国家直接投资的发展与构成来看,中国对阿拉伯国家直接投资不但规模十分有限,对阿拉伯国家投资也并不一定以工业制造业为主。而从中国对阿拉伯国家直接投资的情况也表明，双方产能合作仍处于初级水平，尚未取得实质性进展。

1. 中国对阿拉伯国家直接投资概况

从中国对阿拉伯国家直接投资的总体发展情况来看，中国对阿拉伯国家的直接投资有着流量波动明显、存量规模有限，在阿拉伯国家吸引外国直接投资总量中占比较小的特点。

首先，从2010—2019年中国对阿拉伯国家直接投资流量的变化来看，中国对阿拉伯国家直接投资具有高波动的特点。其间，中国对阿拉伯国家直接投资流量有3个年份超过20亿美元，其中，2019年，中国对阿拉伯国家直接投资流量规模最大，为22.70亿美元，此外，还有4个年份，对阿拉伯国家投资流量不足10亿美元，其中，2016年，中国对阿拉伯国家直接投资流量为-11.49亿美元。对阿拉伯国家直接投资流量最高的2019年相较对阿拉伯国家直接投资流量最低的2016年，差距多达34.19亿美元。

其次，2010—2019年，中国对阿拉伯国家直接投资总体呈现前升后降的发展态势。如果按三年滑动平均值进行衡量，2015年以前，中国对阿拉伯国家投资持续上升，由2010—2012年度的11.67亿美元，稳步

表4-1 2010—2019年中国对阿拉伯国家直接投资流量情况 （单位：万美元）

	2010年	2011年	2012年	2013年	2014年	2015年	2016年	2017年	2018年	2019年
阿尔及利亚	18600	11434	24588	19130	66571	21057	-9989	-14053	17865	-12362
阿联酋	34883	31458	10551	29458	70534	126868	-39138	66123	108101	120741
阿曼	1103	951	337	-74	1516	1095	462	1273	5191	-315
埃及	5165	6645	11941	2322	16287	8081	11983	9276	22197	1096
巴勒斯坦	—	—	2	2	—	—	20	—	—	—
巴林	—	—	508	-534	—	—	3646	3696	-235	-34
吉布提	423	566	—	200	953	2033	6224	10464	-8106	2664
卡塔尔	1114	3859	8446	8747	3579	14085	9613	-2663	-36810	2932
科摩罗	-1	—	50	—	—	—	—	—	93	13
科威特	2286	4200	-1188	-59	16191	14444	5055	17508	19208	-10052
黎巴嫩	42	—	—	68	9	—	—	—	—	—
利比亚	-1050	4788	-668	45	13	-4106	-1705	-17640	2823	-12934
毛里塔尼亚	577	1969	3087	1527	-733	216	10879	3807	2323	-746
摩洛哥	175	911	105	774	1144	2603	1016	5986	9078	-9516
沙特阿拉伯	3648	12256	15367	47882	18430	40479	2390	-34518	38307	65437
苏丹	3096	91186	-169	14091	17407	3171	-68994	25487	5712	-7078

续表

	2010年	2011年	2012年	2013年	2014年	2015年	2016年	2017年	2018年	2019年
突尼斯	-29	376	-65	706	71	564	-322	-82	596	1996
叙利亚	812	-208	-607	-805	955	-356	-69	53	-1	1270
也门	3149	-912	1407	33125	596	-10216	-41315	2725	1045	-7881
伊拉克	4814	12244	14840	2002	8286	1231	-5287	-881	773	88709
约旦	7	18	983	77	674	158	613	1516	8562	3093
总计（亿美元）	7.88	18.17	8.95	15.87	22.25	22.14	-11.49	7.81	19.67	22.70

资料来源：商务部、国家统计局、国家外汇管理局《2019年度中国对外直接投资统计公报》，中国统计出版社2020年版。

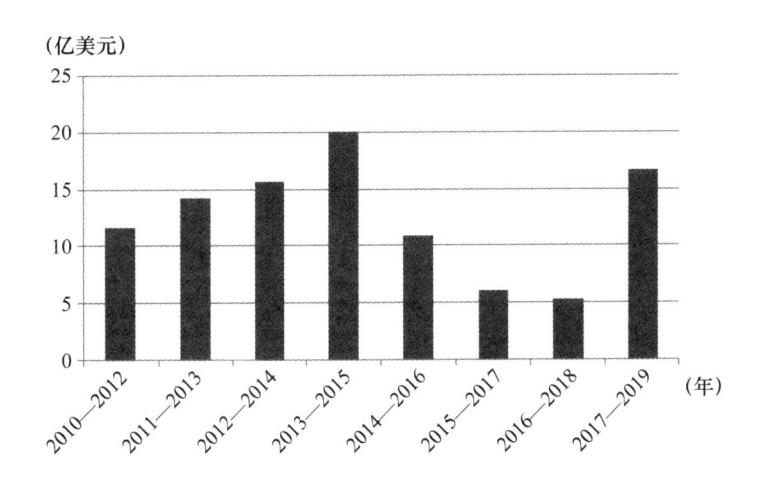

图 4-1 2010—2019 年中国对阿拉伯国家直接投资流量的 3 年滑动平均值

资料来源：商务部、国家统计局、国家外汇管理局《2018 年度中国对外直接投资统计公报》，中国统计出版社 2019 年版。

上升至 2013—2015 年度的 20.9 亿美元。然而，2015 年以后，中国对阿拉伯国家直接投资总体呈现下滑趋势，到 2016—2018 年度，中国对阿拉伯国家直接投资流量降至 5.33 亿美元，位于 2010 年以来的最低水平。2017—2019 年度，中国对阿拉伯国家直接投资 3 年滑动平均值虽然回升至 16.73 亿美元，但仍大幅低于近十年来的最高水平。

从投资存量来看，2010—2019 年，中国对阿拉伯国家直接投资累计从 44.1 亿美元上升至 189.1 亿美元，年均增幅为 17.56%。尽管对阿拉伯国家直接投资存量增速总体比较迅速，然而，以 2015 年为界，前后两个时期的增速差异十分明显，2010—2015 年，中国

表 4-2　2010—2019 年中国对阿拉伯国家直接投资存量情况

（单位：万美元）

	2010 年	2011 年	2012 年	2013 年	2014 年	2015 年	2016 年	2017 年	2018 年	2019 年
阿尔及利亚	93726	105945	130533	149721	245157	253155	255248	183366	206286	177535
阿联酋	76429	117450	133678	151457	233345	460284	488830	537283	643606	763567
阿曼	2111	2938	3335	17473	18972	20077	8663	9904	15068	11634
埃及	33672	40317	45919	51133	65711	66315	88891	83484	107926	108580
巴勒斯坦	—	—	2	4	4	4	23	4	4	—
巴林	87	102	680	146	376	387	3736	7437	7196	7074
吉布提	1247	1813	1799	3055	4088	6046	12540	23286	17849	12526
卡塔尔	7705	13018	22066	25402	35387	44993	102565	110549	43598	45892
科摩罗	404	404	454	454	454	453	453	453	545	183
科威特	5087	9286	8284	8939	34591	54362	57810	93623	109184	83451
黎巴嫩	201	201	301	369	378	378	301	201	222	222
利比亚	3219	6778	6519	10882	10894	10577	21112	36675	42568	29943
毛里塔尼亚	4588	7471	10615	10828	100695	10583	19336	23585	23261	18140
摩洛哥	5585	8948	9522	10296	11444	15629	16270	31821	38229	30329
沙特阿拉伯	76056	88314	120586	174706	198743	243439	260729	203827	259456	252773
苏丹	61336	152564	123660	150704	172712	180936	110434	120156	132507	120309

续表

	2010年	2011年	2012年	2013年	2014年	2015年	2016年	2017年	2018年	2019年
突尼斯	253	629	569	1386	1456	2084	1630	1508	2153	3662
叙利亚	1661	1483	1446	641	1455	1100	1031	1031	87	1357
也门	18466	19145	22130	54911	55507	45330	3921	61255	62300	54419
伊拉克	48345	60591	75432	31706	37584	38812	55781	41437	59854	137752
约旦	1263	1281	2254	2343	3098	3255	3949	6440	14198	31173
总计（亿美元）	44.1	63.9	72.0	85.7	123.4	145.8	151.3	157.7	178.6	189.1

资料来源：商务部、国家统计局、国家外汇管理局《2019年度中国对外直接投资统计公报》，中国统计出版社2020年版。

对阿拉伯国家直接投资年均增速高达27.02%，但到2015—2019年度，年均增速却大幅下滑至6.72%。

表4-3 2010—2019年中国对阿拉伯国家对外直接投资流量和存量在阿拉伯国家吸引外国直接投资总量中占比 （单位:%）

	2010年	2011年	2012年	2013年	2014年	2015年	2016年	2017年	2018年	2019年
流量占比	1.12	4.04	1.70	3.84	7.04	8.68	-3.48	2.49	6.30	6.55
存量占比	0.72	0.98	1.03	1.15	1.62	1.85	1.83	1.83	2.01	2.03

资料来源：商务部、国家统计局、国家外汇管理局《2019年度中国对外直接投资统计公报》，中国统计出版社2020年版；UNCTAD, UNCTAD STAT, https://unctadstat.unctad.org/wds/ReportFolders/reportFolders.aspx, 2019-8-16.

最后，由于规模相对较小，中国对阿拉伯国家直接投资对于阿拉伯国家的重要性仍然偏低。首先，从投资流量来看，2010—2019年，中国对阿拉伯国家直接投资在阿拉伯国家吸引外国直接投资中的占比均值仅为3.83%。其次，按投资存量来看，截至2019年底，中国对阿拉伯国家直接投资存量仅占到阿拉伯国家吸引外国直接投资存量的2.03%。

2. 中国对阿拉伯国家直接投资结构

从国别构成来看，中国对阿拉伯国家的直接投资高度集中于该地区油气资源国。按投资流量计算，2019年，中国对阿拉伯国家直接投资规模超过1亿美元的国家仅有3个，分别是阿联酋（12.1亿美元）、伊拉克（8.9亿美元）和沙特阿拉伯（6.5亿美元）。2019年，中国对上述3个国家直接投资总额为27.5亿美元，较中国对阿拉伯国家直接投资流量总额高出4.8亿美元。

按投资存量计算，截至2019年底，中国对阿拉伯国家直接投资规模最大的5个国家均都是油气资源国，分别是阿联酋（76.4亿美元）、沙特阿拉伯（25.3亿美元）、阿尔及利亚（17.8亿美元）、伊拉克（13.8亿美元）和苏丹（12.0亿美元），截至2019年底，中国对上述5个国家直接投资存量占到中国对阿拉伯国家直接投资存量总额的76.80%。

表4-4　　　　2019年中国对阿拉伯国家直接投资情况　　（单位：万美元）

	流量	存量	主要投资领域
阿联酋	120741	763567	能源、钢铁、建材、建筑机械、五金、化工等
阿尔及利亚	-12362	177535	油气、矿业
沙特阿拉伯	65437	252773	—
苏丹	-7078	120309	石油开发、基础设施建设
埃及	1096	108580	油气开采和服务、制造业、建筑业、信息技术产业以及服务业
科威特	-10052	83451	大型工程项目承包，服务业
也门	-7881	54419	资源开发、餐饮、建筑工程和渔业捕捞
卡塔尔	2932	45892	建筑工程承包
伊拉克	88709	137752	油田开发、电力建设、基础设施建造、通信和建材
阿曼	-315	11634	产业园、油井管生产线、聚合物、饮料包装厂

续表

	流量	存量	主要投资领域
摩洛哥	-9516	30329	渔业、基建、电信、金融
毛里塔尼亚	-746	18140	—
利比亚	-12934	10577	—
吉布提	2664	12526	基础设施建设、物流运输、投资、能源开发
约旦	3093	31173	—
突尼斯	1996	3662	制造业、批发零售、住宿、餐饮
叙利亚	1270	1357	电力、油气、汽车、建材
科摩罗	13	183	建筑、供水和公路建设
巴林	-34	7074	通信
黎巴嫩	—	222	—

资料来源：商务部、国家统计局、国家外汇管理局《2019年度中国对外直接投资统计公报》，中国统计出版社2019年版；中国驻各国商务参赞处网站；商务部《对外投资合作国别（地区）指南》2019年各卷。

而从中国对阿拉伯国家投资的部门构成来看，中国对阿拉伯国家投资主要是流入阿拉伯油气资源国的能源和基础设施部门。即使是阿拉伯非产油国，制造业部门也并不是中国对其投资的热点，在阿拉伯国家中，埃及是吸引中国直接投资规模最大的非产油国，根据中国商务部资料，截至2016年底，中国对埃及直接投资存量中，仅有12%流入制造业部门，投资金额累计仅为1.1亿美元。[①]

[①] 中国商务部：《对外投资合作国别（地区）指南：埃及》（2017年版），载商务部网站，http://fec.mofcom.gov.cn/article/gbdqzn/upload/aiji.pdf，第56—57页。

（二）企业投资的阻碍

在企业层面，阿拉伯国家中营商环境较好的海合会国家为国内市场设置了较高的非关税壁垒，国内企业在营商环境差的阿拉伯国家建立"根植性"存在困难以及中国与阿拉伯国家产业链相距较远的现实，都是导致国内企业对阿拉伯国家投资缺乏热情的重要原因。

1. 企业对阿拉伯国家投资的"根植性"阻碍

"根植性"是指企业在经济、社会、文化、政治等方面具有很强的本地联系，"根植性"的主要特征包括：相互信任、丰富的信息交换、共同解决问题的制度安排等。对于跨国投资而言，"根植性"要求意味着企业赴东道国投资需要一个相对熟悉的经营环境，并且要建立较强的本地联系。而对于跨国投资企业而言，如果东道国营商环境较好，就意味着外国企业可以按照国际通用规则开展投资和经营活动，建立本地联系的成本降低，因而更有利于企业竞争力的提升，也正是基于此，跨国公司选择投资目的国时，也往往更倾向于选择营商环境较好的国家进行投资。

近几年，恰恰是因为认识到营商环境对于吸引外

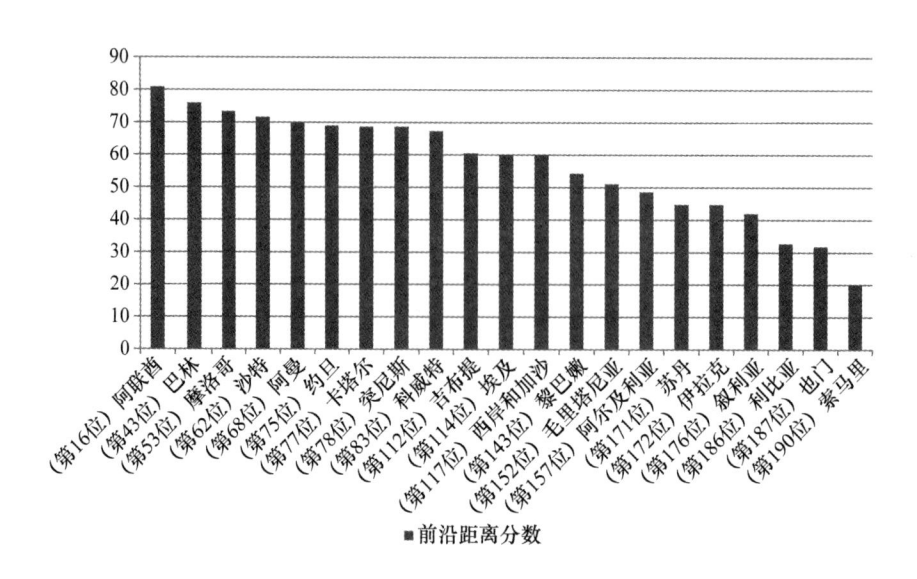

图 4-2　2019 年阿拉伯国家营商环境指标

注：前沿距离显示当前每个经济体离"前沿水平"的差距，它代表《营商环境报告》覆盖的所有经济体 2005 年以来在每个指标上曾达到的最佳表现，前沿距离反映在 0—100 的区间里，其中 0 代表最差表现，100 代表前沿水平。

资料来源：World Bank, *Doing Business* 2017, Washiongton D. C. : International Bank for Reconstruction and Development/The World Bank.

国直接投资和工业制造业发展的重要作用，阿拉伯国家高度重视国内营商环境的改善。根据世界银行发布的《2019 年世界营商环境报告》，阿联酋（第 16 位）和巴林（第 43 位）的营商环境都已位列全球前 50，而摩洛哥（第 53 位）、沙特阿拉伯（第 62 位）、阿曼（第 68 位）、约旦（第 75 位）、卡塔尔（第 77 位）、突尼斯（第 78 位）、科威特（第 83 位）7 个国家的营商环境排名也已介于全球第 50 位到 100 位之间。但是，除上述国家外，还有 12 个阿拉伯国家的营商环境位于 100 名开外。这也意味着国内企业在超过半数的阿拉伯国家开展投资和开展业务很难按照国际通用的商业规则开展经营活动，必须根据东道国具体情况，在经济、社会、文化、政治等领域建立较强的本地联系，才能获得自生能力。但是，从文化和心理距离来看，中国与阿拉伯国家的距离也很遥远，中国企业融入当地社会并不容易。

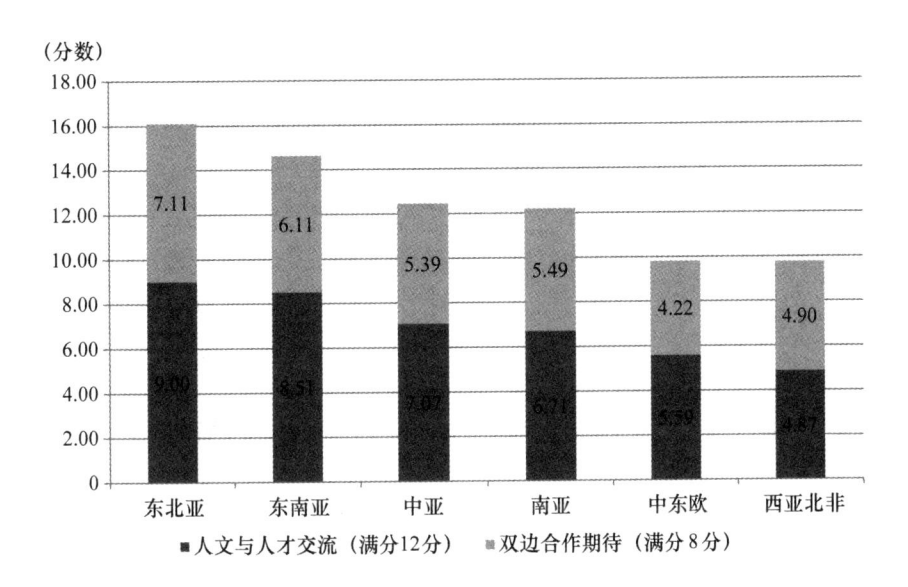

图4-3 "一带一路"沿线国家民心相通度得分

资料来源：国家信息中心"一带一路"大数据中心：《"一带一路"大数据报告（2016）》，商务印书馆2016年版，第46页。

"民心相通"是"一带一路"倡议所提出的"五通"之一，也是"一带一路"建设的社会根基。[①] "民

---

① 参见新华网倡议《推动共建丝绸之路经济带和21世纪海上丝绸之路的愿景与行动》，http：//news.xinhuanet.com/gangao/2015-06/08/c_127890670.htm，2015-6-10.

心相通"状况能够较好地反映中国企业对"一带一路"沿线国家的文化和心理距离。从该指标来看,中国与阿拉伯国家的"民心相通"状况并不令人满意,阿拉伯国家主要位于西亚北非地区,而根据国家信息中心2016年发布的权威数据,中国与西亚北非国家"民心相通"指标得分仅为9.77分,位于"一带一路"沿线所有地区的最末一位,其中,"人文与人才交流"指标得分仅为4.87位,排在最后,"双边合作期待"得分仅为4.90分,排在倒数第二位,仅优于中东欧地区。因此,单是从"民心相通"指标来看,中国与阿拉伯国家的文化和心理距离还十分遥远,与"一带一路"沿线其他地区,特别是东北亚、东南亚国家相比,中国企业在阿拉伯国家建立"根植性"更为困难,这也是为何中国企业对周边国家投资热情明显高过对阿拉伯国家投资的重要原因。

2. 企业对阿拉伯国家投资的市场壁垒阻碍

阿拉伯国家优越的营商环境主要存在于海合会国家,根据世界银行2019年发布的全球营商环境排名,2019年,阿拉伯国家营商环境入选前50位的两个国家都是海合会国家,营商环境排名介于50—100的7个国家中,也有4个国家是海合会国家。尽管从营商环境的角度来看,海合会国家更有利于跨国公司开展投资和经营活动。然而，海合会国家树立的高市场壁垒，却给包括中国企业在内的外国企业在其境内开展投资、经营活动带来巨大不便。

首先，海合会国家普遍施行的《商业代理法》对外国企业在海合会国家开展贸易活动形成阻碍。海合会都实行严格的商业代理制度，该制度赋予海合会公民及海合会的全资公司在本国从事贸易活动的垄断地位。商业代理成为海合会国家非石油行业的支柱产业之一。在海合会国家没有设立股份公司、有限公司及分支机构等经营实体，但希望从事贸易活动的外国公司必须通过指定海合会国家本国的代理人或经销商的方式进行贸易活动，包括进口货物的分销及采购本地商品再零售。代理协议需在海合会本国的商工部进行登记。从事代理业务的主管人员或代表，必须是海合会本国人，禁止由外国委托人直接或间接掌握代理权的"借壳代理"(shell agent)。此外，代理关系不具有排他性，一方面，一家海合会本国公司或个人最多可与10家外国公司签订代理协议；另一方面，一个外国公司也可以指定一家或两家以上的海合会国家的本国代理人，但海合会国家通常不会为同一个外国委托人注册一个以上的代理协议。此外，一些国家的商业代理法还明确了终止代理协议要为代理提供补偿，以沙特阿拉伯为例，该国规定，在业务已经取得明显成功的情况下终止代理协议，应给予代理合理的补偿。

其次，海合会国家限制外国企业在关税区域内设置独资或控股企业。海合会国家出台的《公司法》均对外国企业在本国自由区、特殊经济区之外的关税区域内设立独资或控股企业做出了严格的限制，海合会国家规定，外国企业不得在本国关税区域内设立独资公司，与本国人或本国企业设立的合资公司，本国企业的持股比例也不能低于51%。

不过，卡塔尔已于2018年1月通过新的《公司法》，新法取消了对外国企业在卡塔尔投资的股本限制，允许外国企业在卡塔尔各经济部门设立全资公司。尽管可以预期，谋求经济多样化的努力，将会让更多海合会国家放松对本国市场的管控，即使各国在法律上取消了外国企业进入本国市场的阻碍，但各国市场早已形成的行为惯性，也将会在较长时期构成外国企业投资经营的重要阻碍。

3. 企业对阿拉伯国家投资的产业链阻碍

2007年，中国超越美国，成为阿盟仅次于欧盟的第二大货物进口贸易伙伴。然而，阿盟从中国进口的工业制成品主要是以最终形态工业制成品为主。例如，未另列明的电信设备及其零件是阿盟从中国进口贸易额最大的货物商品，2018年，该组商品占到阿盟从中国货物进口贸易总额的16.1%。其中,95%以上是以手机、固定电话等通信设备成品的形式进入阿盟市场。① 除电信设备外,中国制造的服装、纺织服装、家具、玩具、家电、IT产品在海合会国家市场也有很强的国际竞争力,而相关产品也都是以最终形态工业制成品的形式进入阿盟市场。

表4-5　阿盟国家主要中间形态工业制成品的贸易伙伴构成

	国家（占比）	国家（占比）	国家（占比）	国家（占比）	国家（占比）
铁或钢制的管子和中空型材及管子配件	中国（31.7%）	欧盟（22.6%）	日本（7.4%）	印度（5.2%）	韩国（5.5%）
电路开关或保护用电器或联接电路用电器；电阻器；印刷电路；保护或联接电路、控电或配电的装置的板、盘（包括数字控制盘）、台、桌、柜和其他基座	欧盟（50.5%）	中国（14.1%）	美国（5.9%）	韩国（5.3%）	阿联酋（4.2%）
非电动发动机及马达；上述发动机和马达的未另列明的零件	欧盟（51.4%）	美国（33.7%）	中国香港（2.7%）	新加坡（1.8%）	中国（1.3）
加热和冷却设备及其未另列明的零件	中国（30.0%）	欧盟（30.0%）	美国（7.5%）	韩国（6.2%）	泰国（5.5%）
第722、781、782和783组所列汽车的零件及附件	欧盟（36.7%）	日本（13.6%）	中国（11.4%）	韩国（9.6%）	美国（6.4%）

---

① UNCOMTRADE, UNCOMTRADE Database, https://comtrade.un.org/data, 2019-08-24.

续表

	国家（占比）	国家（占比）	国家（占比）	国家（占比）	国家（占比）
铜	欧盟（23.4%）	刚果（布）（18.4%）	阿联酋（16.4%）	刚果（金）（8.2%）	俄罗斯（6.7%）
未另列明的配电设备	欧盟（34.3%）	中国（12.3%）	沙特阿拉伯（10.3%）	土耳其（7.5%）	韩国（7.0%）
泵（液泵除外）、空气或其他气体压缩机和风扇；配有风扇的通风或循环罩，不论是否装有过滤器；离心机；过滤或净化装置；及其零件	欧盟（41.0%）	中国（19.6%）	美国（13.7%）	日本（4.8%）	韩国（3.8%）
未另列明的钢铁或铝结构物及其部件	欧盟（22.9%）	韩国（18.9%）	中国（16.5%）	土耳其（10.4%）	阿联酋（9.2%）
钢或铁条材、棒材、角材、型材（包括板桩）	欧盟（23.5%）	土耳其（22.2%）	中国（10.0%）	乌克兰（9.2%）	阿曼（7.5%）

资料来源：UNCTAD, UNCTADSTAT Database, https://unctadstat.unctad.org/wds/ReportFolders/reportFolders.aspx? sCS_ ChosenLang = en, 2019 - 07 - 24.

然而，从阿盟国家主要中间形态工业制成品贸易伙伴的构成来看，中国生产的中间形态工业制成品在阿盟市场竞争优势并不明显，中国仅铁或钢制的管子和中空型材及管子配件、加热和冷却设备及其未另列明的零件等两组工业制成品在阿盟市场具有较强竞争力，不过，这两组中间形态制成品在阿盟市场所占份额与欧盟极为接近。因此，总体来看，阿盟整体仍处于欧盟主导的工业体系之中。

上述市场信息也表明，受运费、市场因素的影响，包括海合会国家在内，阿拉伯国家制造业发展与欧盟的联系十分紧密，而与中国产业链联系相距较远，而相对分离的产业链体系意味着中国企业在阿拉伯国家投资需离开熟悉的产业链体系，如无法根据阿拉伯国家所处产业链特点整合上游供给，将很难借助东道国能源资源优势、"人口红利"或是优越的贸易条件组织生产，提升企业竞争力。

（三）产业园经营建设的阻碍

中国在阿拉伯国家投资建设境外工业园区起步较早，但发展缓慢，除中国埃及泰达经贸合作区外，其他园区都未形成规模，即使是发展最好的泰达工业园区，也未能发挥企业海外投资孵化平台的作用。而国内园区在东道国发展缓慢，使国内企业对阿拉伯国家投资带动不利，主要是与园区选址、产业布局缺乏科学性，与东道国相似园区的竞争处于劣势有关。

1. 中国在阿拉伯国家的工业园区建设情况

2005年底，商务部提出建立境外经贸合作区的对外投资合作举措，并相继出台多项配套政策措施，鼓励企业抱团到境外建设经济贸易合作区。2006年6月，商务部发文《境外中国经济贸易合作区的基本要求和申办程序》，宣布要建设50个"国家级境外经贸合作区"，正式启动了辅助对象的申报和评标工作，并将推动建设境外经贸合作区作为重点工程。自此，政府引导的公共型境外经贸合作园区平台开始兴起。在发展路径上，这一阶段中国境外经贸合作区建设和发展是以政府推动+公共平台建设为主。而在境外经贸合作区的建设上，阿拉伯国家也得到了中国政府的重视，2007年，商务部批准设立的第二批境外经贸合作区中，就有两个位于阿拉伯地区，分别是中国埃及泰达苏伊士经贸合作区和阿尔及利亚中国江铃经贸合作区，其中，阿尔及利亚中国江铃经贸合作区后来因为东道国投资政策的变化，并没有得到实质性推进。

表4-6　阿拉伯国家主要工业园区模式及中国在阿境外园区概况

国别	园区类型	数量（个）	中国园区	享有政策	产业定位
阿联酋	自由区	46	中国阿联酋产能合作示范园	自由区	铝材、食品、光伏、生物医药、石化
阿曼	经济特区、自由区、工业区	13	中国—阿曼（杜库姆）产业园	经济特区	石油化工、天然气化工、建筑材料、海洋产业、光伏、轮胎、现代农业、食品、服装、汽车组装

续表

国别	园区类型	数量(个)	中国园区	享有政策	产业定位
沙特阿拉伯	工业城、经济城、自由区、科技区	41	中国沙特（吉赞）产业园	经济城	钢铁、石化、硅、船舶服务
埃及	自由区、经济特区、合格工业园	118	中国埃及苏伊士经贸合作区	经济特区	纺织服装、石油装备、新兴建材、高低压电器、化工、汽车
			中国埃及（曼凯）纺织工业园	无	纺织服装
卡塔尔	工业区	9	—	—	—
约旦	工业区、合格工业园	12	—	—	—
科威特	工业城、自由区	38	—	—	—
巴林	工业区	8	—	—	—

资料来源：王兴平主编《中东及西亚产业园区发展与规划》，江苏人民出版社2019年版；王兴平主编《非洲产业园区发展与规划》，江苏人民出版社2019年版。

与北非国家相比，中国在西亚阿拉伯国家的境外工业园建设起步较晚，直到2013年"一带一路"倡议提出以后，才有一些投资实体开始尝试在该地区投资建设境外工业园区，具有代表性的项目包括：2018年开工建设的中国阿联酋产能合作示范园（2018年开工建设）、中国阿联酋（迪拜）食品工业园（2018年开工建设）、中国—阿曼（杜库姆）产业园（2016年签约)、中国—沙特(吉赞)产业园(2016年签约)、中国—沙特(达曼)中国泰达园(2019年签约)。

总体来看,尽管国内各类投资实体在阿拉伯国家已建成或正在筹建大量工业园区项目。然而,至今却仍未有园区真正形成企业境外投资的孵化平台,也没有形成对于产业发展至关重要的产业集聚效应。国内在阿拉伯国家建成的很多工业园区招商吸引力不足,很多筹建中的园区也在事实上陷入停滞之中。

2. 中国在阿拉伯工业园区建设存在的问题

中国各类经济实体在阿投资建设的境外工业园区对双方产能合作的拉动效果始终十分有限,也未能充分发挥国内企业对阿拉伯国家投资孵化平台的作用,主要在于中国在阿拉伯国家建设的工业园区存在下述问题。

一,园区选址的问题。

地理位置选择的合理性是境外工业园区获得生存发展的前提条件,然而,从地理位置选址来看,中国在阿拉伯国家已投入运营或建设之中的境外工业园区大都选址在东道国人口稀少的经济欠发达地区,而园区因选址存在的缺陷,导致园区难以利用东道国劳动力资源以及获得东道国腹地依托,从而限制了园区的发展。

首先，园区腹地人口稀少，无法获得充足的劳动力供给。在阿拉伯国家中，劳动力资源最为丰富、"人口红利"最为充裕的国家是埃及。尽管中埃泰达苏伊士经贸合作区是中国在阿拉伯国家建设最为成功的境外工业园区。然而，该园区所处的苏伊士省是埃及人口最为稀疏的省份之一，2015年，该省总人口仅有62.3万人，仅为埃及平均人口密度的6.2%，选址上的缺陷也使中国投资方很难利用埃及的"人口红利"，发展劳动密集型工业制造业。[①]

其次，园区远离东道国重要的经济腹地，缺少产业发展支撑。尽管与埃及等北非国家相比，海合会等富裕的海合会国家因劳动力价格过高，并不具备发展劳动密集型工业制造业潜在优势。然而，在沙特阿拉伯等经济欠发达地区投资建设工业园区，也会因项目投资缺乏腹地支撑，致使园区竞争力下降。例如，中国—沙特（吉赞）产业园与园区选址相关的发展束缚主要存在于以下几个方面：第一，交通不便，该园区距离首都利雅得约1000公里，虽然与吉达—利雅得间距离相仿，由于当地多为山地和丘陵，车程较吉达要多出5—6小时，而该园区依托的吉赞港并非红海沿岸重要港口，该港口吞吐量仅为同样位于红海沿岸吉达

---

① See Central Agency for Public Mobilization and Statistics, "Egypt in Figures 2015", http：//www.msrintranet.capmas.gov.eg, 2019-02-27.

（Jeddah）港货物吞吐量的1/10，此外，港口还要面对沙特阿拉伯延布（Yanbu）、约旦亚喀巴（Aqaba）、埃及苏伊士（Suez）、也门亚丁（Aden）、厄立特里亚马萨瓦（Massawa）等港的竞争，交通不便也决定了该园区并不像其宣传的那样具有重要的区位优势；第二，缺少腹地支撑，由于地理位置不便，园区所在经济城上下游产业链十分薄弱，由其带来的运输成本及通勤便利度导致园区建筑安装、人力和生活等方面的成本要明显高于其他地区。

二，园区产业布局的问题。

中国各类投资实体在阿拉伯国家建设的境外工业园区未能充分发挥国内企业对阿拉伯国家投资载体的作用，也与园区设定的支柱产业与东道国比较优势不相契合，产业布局缺乏科学性和合理性有关，其主要表现在以下两个方面。

第一，产业规划过于分散，不利于形成产业集聚效应。阿拉伯国家工业基础十分薄弱，仅在少数工业制成品的生产上展现出较强的竞争优势，而受产业链不完整的限制，阿拉伯国家能够支撑起的产业部门十分有限，而中国各类投资实体在阿拉伯国家建成的境外园区却普遍存在园区产业规划过于分散的现象。例如，中国—阿联酋产能合作示范园确立了铝材、食品、光伏、生物医药、石化多个相互没有联系的产业部门作为园区支柱产业。位于沙特吉赞经济城的中国沙特（吉赞）产业园则是确立了钢铁、石化、硅、船舶服务等为支柱产业。而位于阿曼的中国—阿曼（杜库姆）产业园，确立了石油化工、天然气化工、建筑材料、海洋产业、光伏、轮胎、现代农业、食品、服装、汽车组装等多个产业部门作为园区发展的支柱产业。位于埃及的中国—埃及苏伊士经贸合作区的产业布局更为分散，该园区起步区确立了新型建材、石油装备、高低压设备、机械制造四大支柱产业，而拓展区则是着力打造乘用车和纺织服装的产业集群。园区布局过于分散带来的影响便是造成园区大量无效投资，无法为最具发展潜力的产业部门提供专业化服务，建成境外产业集聚地。

第二，国别与产业选择不科学，无力发掘该地区潜在比较优势。阿拉伯国家的工业基础普遍十分薄弱，工业发展缺少必要的上游支撑。而在园区产业布局上，一些工业园区将生产环节十分复杂的工业制造业作为园区主导的产业部门，例如，中国—阿曼（杜库姆）产业园将汽车组装作为主导产业，而中国—埃及苏伊士经贸合作区则是将机械制造作为园区支柱产业，而东道国薄弱的上游供给系统，无疑会对相关产业的发展形成制约。而在资金密集型工业制造业发展方面，由于相关产品频繁遭受贸易摩擦，优越的贸易条件对于资金密集型工业制造业的发展具有重要支撑作用。而中国投资实体在阿拉伯国家布局园区主导产业时，并没有认识到优越贸易条件对于产业发展的影响，例如，中国—阿联酋产能合作示范园根据阿联酋资源禀赋的特点，将石化、炼铝等资金密集型工业制造业作为园区主导产业，但却忽视了贸易环境对相关产业发展的重要支撑作用。实际上，由于与全球其他主要经济体未签署自由贸易协定，阿联酋生产的石化、有色金属等资金密集型工业制成品在国际市场上也会频繁遭受贸易摩擦，中国企业在阿联酋投资相关产业，并不能有效拓展企业发展的外层空间。

三，园区与东道国其他园区相比处于竞争劣势。

为了实现经济多样化、拉动经济增长，阿拉伯国家均十分重视工业制造业的发展。而在发展工业制造业时，阿拉伯国家也都高度重视工业园区在有限地理范围内改善软、硬基础设施的作用。实际上，阿拉伯国家工业园区建设的起步时间较早，各国已建成多种形态的工业园区，据不完全统计，沙特阿拉伯工业城、经济城、科技城等形态存在的工业园区多达41个，阿联酋7个酋长国建立的自由区多达46个。而阿拉伯国家自主开发建设、起步较早的一批工业园区经过长期发展，都已形成一定的规模经济效应，例如沙特阿拉伯的朱拜勒和延布两个工业城都已建成为全球重要的重化工业基地；阿联酋的杰布·阿里自由区吸引入驻企业超过 8000 家，涉及铝业、石化、电子产品、建材、汽车、机械设备、日化、食品等多个行业；而 2017 年，约旦工业城旗下六个工业城的出口额约为 20 亿美元，其中侯赛因工业城、哈桑工业城出口额分别高达 5.9 亿美元和 7.0 亿美元；而埃及的工业制造业也主要集中于亚历山大、斋月十日城、舒卜拉海迈、塞得港、纳赛尔城等自由区。

在与东道国自主建设、发展成熟的园区相比，中国在阿拉伯国家自主建设的工业园区主要存在以下劣势：第一，地理位置偏僻，远离产业集聚地，不利于入驻企业利用东道国优质资源；第二，争取优惠政策的能力不及东道国本土园区；第三，园区所在政府争取国家优惠政策或大型项目的能力不及东道国发达地区。而鉴于国内各类实体在阿拉伯国家投资建立工业园区在与东道国本土园区竞争中存在的上述不利因素，中国在阿拉伯国家建成或筹建的很多境外工业园区实际上很难发挥工业制造业海外投资孵化平台的作用。

五 中国落实对阿拉伯国家投资合作的国别与产业甄选

以资源禀赋体现的比较优势是工业制造业发展的重要基础,国与国之间比较优势的相对变化也成为国与国之间产业相互转移的重要驱动力量。阿拉伯国家工业制造业发展的潜在优势主要集中于能源资源禀赋、具有国际竞争力的劳动力供给以及优越的国际贸易条件三个方面。然而,各类资源禀赋在阿拉伯国家的分布具有高度不均衡性,若要实现对阿拉伯国家投资合作的优化升级,需根据东道国比较优势差异确定开展国际产能合作的重点国家与重点产业。

(一)劳动密集型产业的合作

因为涉及人的组织和管理,在劳动密集型工业制造业部门甄选合作对象实际上并不容易。这是因为,丰富的劳动力资源和低廉的劳动力价格固然是支持劳动密集型制造业发展的重要条件，但与劳动生产率密切相关的教育与培训、劳动习惯、文化因素也会影响一国劳动密集型制造业的发展，包括职业技术教育培训在内，东道国劳动力素质的持续提升应当是东道国提供的公共产品，中国在阿拉伯国家投资的企业或境外工业园区并不能在实质上改进东道国劳动力供给水平。因此，在劳动密集型产业部门开展跨国投资合作，最为重要的是尊重东道国劳动力供给的现状。鉴于此，在劳动密集型工业制造业部门甄选合作伙伴时，可将高度重视劳动力专业化水平的"产品距离"理论作为重要依托。

1. "产品距离"理论与产业跨境投资

"产品距离"理论认为两种产品包含的隐性知识越为接近，高质量的劳动力资源便越为便捷地在这两个产业部门之间流动，因此，一个国家能够出口一样特定的工业制成品，也就能够很容易地出口与之产品较为接近的另外一种工业制成品。[①] 而"产品距离"

---

① Ricardo Hausmann and Bailey Kinger, *Structural Transformation and Patterns of Comparative Advantage in the Product Space*, Cambridge: RWP06-041, September 2006; Cesar A. Hidalgo et al., "The Product Space Conditions the Development of Nations," *Science*, Vol. 317, No. 5837, 2007, pp. 482–487.

理论得出的上述结论，也意味着在劳动密集型制造业部门甄选合作对象时，应优先选择已在劳动密集型制造业的发展上展现出一定国际竞争力的国家作为重点合作对象，并且选择与其最具国际竞争力的工业制成品"产品距离"较为接近的产业作为重点合作产业。

而从跨国企业的国际投资行为来看，企业选择投资目的国的行为实际上也在遵循"产品距离"理论。2017年，世界银行对全球754名跨国企业高管所做的调研显示，东道国"人才和技术工人的可获得性"是企业开展投资活动的重要参考因素，而"人才和技术工人可获得性"也是仅次于政治和安全稳定、法律法规环境、市场规模、宏观经济稳定和汇率优势等宏观要素外最为重要的中观要素，73%的受访者认为，东道国"人才和技术工人可获得性"对企业的投资决定至关重要或重要，这一比例要高于基础设施水平（71%）、低税率（58%）、低劳动力和供给成本（53%）、获得土地或房产（45%）、东道国融资便利性（44%）等因素的影响。[1]

"产品距离"理论指出专业化的劳动力供给对工业

---

[1] World Bank, 2017/2018 Global Investment Competitiveness Report, Washington D. C., 2018, pp. 25, 27, https：//www.weforum.org/reports/the - global - competitiveness - report - 2017 - 2018, 2018 - 10 - 1.

制造业发展的重要支撑作用,而跨国公司在发展中国家的投资活动也验证了这一理论的有效性。因此,在劳动密集型工业制造业部门甄选对阿拉伯国家合作的重点国家与重点产业,也应从东道国具有国际竞争力的产业部门入手,根据东道国劳动力资源的实际供给情况,确定重点推进的投资合作产业部门。

2. 重点合作国别的甄选

比较优势仍是工业制造业发展最重要的支撑条件,而劳动密集型工业制造业发展最为重要的资源供给便是劳动力。而在劳动力供给方面,劳动力供给价格、劳动力年龄结构、劳动力受教育水平都会对劳动密集型工业制造业的发展施加重要影响。落实劳动密集型工业制造业部门对阿拉伯国家产能合作时,也应当将阿拉伯国家劳动力供给特点作为甄选合作伙伴的重要标准。

劳动密集型工业制造业发展无疑需要依靠相对低廉的劳动力供给价格,然而,人口年龄结构对劳动力生产效率的影响以及国民受教育水平对劳动力技能水平提升的约束,都是影响东道国劳动密集型工业制造业发展的重要因素。根据世界银行数据,2018 年,全球中等收入和低收入国家人均 GDP 为 4971 美元,尽管很多阿拉伯国家人均 GDP 低于这一水平,但考虑到阿拉伯国家人口老龄化带来劳动效率的下降、居民受教育水平偏低带来的技术工人供给约束，大多数中低收入的阿拉伯国家与同等收入国家相比，都不具备工业制造业发展所需的劳动力供给优势。

基于上述根据产业发展劳动力供给所做的分析，在阿拉伯国家中，也仅有约旦、埃及、阿尔及利亚等极少数国家具备发展劳动密集型制造业的潜在比较优势，不过，由于阿尔及利亚对外国直接投资设置了很高的门槛，投资环境有待改善。中国在劳动密集型工业制造业部门落实对阿拉伯国家投资合作应当是将约旦、埃及两国作为重点支点国家。

3. 重点推进产业的甄选

根据"产品距离"理论，在劳动密集型工业制造业部门落实与约旦、埃及两国的投资合作，应当是根据两国劳动密集型工业制造业的发展情况，以东道国已展现出较强国际竞争力的优势产业部门为中心，确定与这些产业部门"产品距离"相近的制造业部门作为开展合作的重点产业部门。

表5-1　　约旦具有国际竞争力的主要工业制成品　（单位：亿美元）

	2014年	2015年	2016年	2017年	2018年	2014—2018年年均增速（%）	2018年TC指数
纺织物针织或钩编而制成的男装或男童装	1.21	1.27	1.32	1.51	1.85	11.1	0.94

续表

	2014年	2015年	2016年	2017年	2018年	2014—2018年年均增速（%）	2018年TC指数
纺织物针织或钩编而制成的女装或女童装	1.26	1.35	1.51	1.49	1.77	8.7	0.94
纺织物非针织或钩编而制成的女装或女童装	1.25	1.20	1.42	1.40	1.46	4.0	0.89
未另列明的纺织物制服装	8.64	9.10	9.63	10.01	10.79	5.7	0.62

资料来源：UNCTAD, UNCTADSTAT Database, https://unctadstat.unctad.org/wds/ReportFolders/reportFolders.aspx?sCS_ChosenLang=en, 2020-11-2.

首先，从约旦方面来看，2018年，约旦贸易竞争力（TC）指数大于0.5，且出口额超过1亿美元的劳动密集型货物商品主要就是服装类商品，因此，中国在约旦推进产能与投资合作，也应当将服装加工业作为重点推进的产业部门，除服装业外，也可将制鞋业等与服装业所需劳动力技能水平相近的制造业部门作为对约旦投资的重点推进产业。

表5-2　　埃及具有国际竞争力的主要工业制成品　（单位：亿美元）

	2014年	2015年	2016年	2017年	2018年	2014—2018年年均增速（%）	2018年TC指数
纺织物针织或钩编而制成的男装或男童装	1.55	1.47	1.56	1.37	1.47	-1.3	0.87

续表

	2014年	2015年	2016年	2017年	2018年	2014—2018年年均增速（%）	2018年TC指数
纺织物非针织或钩编而制成的男装或男童装	4.56	4.81	5.19	4.65	5.65	5.5	0.81
未另列明的全部或基本上以纺织原料制成的制品	2.79	2.32	2.41	2.21	2.39	-3.7	0.68
电视接收设备	6.80	6.46	4.92	5.59	5.48	-5.2	0.67
室内铺地用品等	3.76	3.13	3.48	3.14	3.17	-4.1	0.61
未另列明的纺织物制服装	4.88	4.66	5.42	5.96	7.04	9.6	0.53

资料来源：UNCTAD，UNCTADSTAT Database，https：//unctadstat.unctad.org/wds/ReportFolders/reportFolders.aspx? sCS_ChosenLang = en，2020 - 11 - 2.

其次，在埃及方面，2018年，埃及贸易竞争力（TC）指数大于0.5，且出口额超过1亿美元的劳动密集型工业制成品主要有纺织产品、服装产品、纸制品、电视设备等，因此，中国与埃及推进产能与投资合作，也应当将上述产业部门作为优先推进的产业部门。除上述产业部门外，也可考虑在与服装业所需劳动力技能水平相近的制鞋业，与电视机生产所需劳动力技能相近的电子产业、LED照明产业作为对埃及投资的重点推进产业。

（二）资金密集型产业的合作

资金密集型制造业部门主要是以重工业和化工业为主，在资金密集型产业部门，原料及能源供给价格虽然是影响产业发展的重要因素，但由于资金密集型工业制造业频繁遭遇贸易摩擦，在同等条件下，一国所处的国际贸易环境对于该国资金密集型产业的发展也非常重要。因此，在资金密集型工业制造业部门，应当首先选择与世界主要经济体建立特殊贸易安排的国家作为重点合作对象，其次再根据东道国资源禀赋的特点确立重点合作的产业部门。

1. 国际贸易摩擦与资金密集型工业制造业

与技术密集型工业制造业和劳动密集型工业制造业相比，由于资金密集型工业制造业不受缺乏流动性的劳动力供给的限制，在全球化市场环境下，产业发展所需设备和原料的采购相对方便，产业发展门槛主要是受资金投入和能源供给的制约。而产业发展不受劳动力供给制约、增加值高的特点，也使资金密集型工业制造业面对的国际竞争要明显高于劳动密集型工业制造业和技术密集型工业制造业。实际上，资金密集型工业制成品不但是中国，也是全球范围内遭受贸易救济措施最为频繁的货物商品。

表 5-3　　2015 年全球反倾销反补贴情况

发起国	反倾销产品（针对国家及地区）	反补贴产品（针对国家及地区）
美国	非涂布纸（澳大利亚、巴西、中国、印度尼西亚、葡萄牙）、硅锰（澳大利亚）、特定聚对苯二甲酸乙二醇酯树脂（加拿大、中国、印度、阿曼）、耐蚀钢制品（中国、印度、意大利、韩国、中国台湾）、氢氟烃混合物及其制品（中国）、厚壁矩形焊接碳钢管（韩国、墨西哥、土耳其）、冷轧扁钢制品（巴西、中国、印度、日本、韩国、荷兰、俄罗斯、英国）、特定热轧扁钢制品（澳大利亚、巴西、日本、韩国、荷兰、土耳其、英国）、焊接不锈钢压力管（印度）、圆形焊接碳素钢管（阿曼、巴基斯坦、菲律宾、阿联酋、越南）、铁制传动组件（加拿大、中国）、家用大型洗衣机（中国）	特定非涂布纸（中国、印尼）、超级砑光纸（加拿大）、特定聚对苯二甲酸乙二醇酯树脂（中国、印度、阿曼）、特定耐蚀钢制品（中国、印度、意大利、韩国、中国台湾）、厚壁矩形焊接碳钢管（土耳其）、冷轧扁钢制品（巴西、中国、印度、韩国、俄罗斯）、特定热轧扁钢制品（巴西、韩国、土耳其）、焊接不锈钢压力管（印度）、圆形焊接碳素钢管（巴基斯坦）、铁制传动组件（中国）
欧盟	高抗疲劳性能混凝土钢筋（中国）、冷轧扁钢制品（中国、俄罗斯）、阿巴斯甜（中国）、环氨酸钠（中国）、特定泡沫陶瓷式过滤器（中国）、特定不锈钢管对焊件（中国、中国台湾）、特定锰氧化物（巴西、格鲁吉亚、印度、墨西哥）	不锈钢冷轧扁材（中国）、球墨铸铁管（印度）、欧洲鲈鱼和海鲷（土耳其）
日本	氢氧化钾（中国、韩国）	
巴西	牙科 X 光机（德国）、聚氯乙烯防水油布（中国、韩国）、无边框镜子（中国、墨西哥）、聚酯树脂（中国、印度、印度尼西亚、中国台湾）、农用车辆轮胎（中国）、汽车玻璃（中国、墨西哥）、乙二醇单丁基醚（德国）、聚酯薄膜（巴林、秘鲁）、无缝碳管（中国）、冻马铃薯（比利时、法国、德国、荷兰）、钢筋（中国）	

续表

发起国	反倾销产品（针对国家及地区）	反补贴产品（针对国家及地区）
阿根廷	聚酯树脂（美国、印度尼西亚）、冷凝器/蒸发器/散热器（中国）、塑料池（巴西、中国）、测压元件（中国）	
土耳其	热轧钢卷（中国、法国、日本、罗马尼亚、斯洛伐克、俄罗斯、乌克兰）、甲酸钠（中国）、聚酯加工丝（泰国、越南）、无缝和空心型材铁管（铸铁除外）和钢管（中国）、制冷机（中国）、冷轧涂漆镀锌金属板（中国）、冷轧扁钢制品（中国、俄罗斯）、冷轧不锈钢扁钢（中国、中国台湾）、无框玻璃镜（中国）	铁制（铸铁除外）和钢制无缝管和空心型材（中国）
印度	乙酰乙酸甲酯（美国、中国）、橡胶用炭黑（韩国）、二氯甲烷（中国、俄罗斯）、普通中密度纤维板（印度尼西亚、越南）、精对苯二甲酸（中国、印度尼西亚、马来西亚、伊朗、中国台湾）、铁（合金钢或非合金钢）制无缝钢管和空心型材（中国）、卷尺（中国台湾、马来西亚、泰国、越南）、釉面/无釉/玻璃釉瓷砖（中国）、AA干电池（中国、越南）、黄麻制品（孟加拉、尼泊尔）、直链烷基苯（伊朗、卡塔尔、中国）、铝箔（中国）、无色浮法玻璃（伊朗）、拖车车轴（中国）、低灰冶金焦（澳大利亚、中国）	风力发电机组铸件（中国）
中国	未漂白纸袋（欧盟、美国、日本）、丙烯酸纤维（日本、韩国）、冷压薄板电工钢（日本、韩国、欧盟）、铁基非晶合金带（日本、美国）	

注：中国仅指中国内地地区。

资料来源：World Bank, Global Antidumping Database (GAD) –1980s–2015, https: //datacatalog.worldbank.org/dataset/temporary–trade–barriers–database–including–global–antidumping–database/resource/dc7b361e, 2019–3–1; World Bank, Global Countervailing Duties Database (GCVD) –1980s–2015, https: //datacatalog.worldbank.org/dataset/temporary–trade–barriers–database–including–global–antidumping–database/resource/68dc6d5a, 2019–3–1.

通过统计2015年美国、日本、欧盟等OECD经济体以及中国、印度、巴西、阿根廷、土耳其等主要发展中国家提起的反倾销及反补贴贸易调研案件可以发现，全球主要经济体提起的贸易救济案件，绝大多数集中于钢铁、化工、造纸、金属制品等资金密集型的工业制造业部门。而中国遭受贸易摩擦最为频繁的也都是钢铁、化工、建材等资金密集型的工业制成品。

而鉴于自由贸易协定等特殊贸易安排对于资金密集型工业制造业发展的重要影响，中国在阿拉伯国家甄选劳动密集型工业制造业部门的重点合作国家，也应当将东道国所处的国际贸易环境作为重要甄选标准。

2. 重点合作国别的甄选

总体来看，尽管阿拉伯地区同时是与美国、欧盟等全球主要经济体建立特殊贸易关系最为集中的地区，但阿拉伯国家中拥有优越贸易条件的国家也仅局限北非阿拉伯国家和少数经济体量较小的西亚国家。截至2018年底，与美国签订自由贸易协定的国家总共有巴林、约旦、摩洛哥、阿曼四个国家。而与欧盟签署《地中海联系协定》，在事实上获得了本国生产工业制成品免税进入欧盟的经济体也仅局限于阿尔及利亚、埃及、约旦、黎巴嫩、摩洛哥、巴勒斯坦、突尼斯等少数几个国家。

表5-4　部分阿拉伯国家、欧洲、南亚国家工业电价　　（单位：元）

沙特阿拉伯	阿曼	巴林	约旦	埃及	阿尔及利亚	阿联酋
0.33	0.29（9—4月） 0.44（5—8月）	0.54 （大于500千瓦）	0.88（日） 0.70（夜）	0.43—0.49	0.26	0.51（低峰） 0.70（高峰）
德国	法国	英国	保加利亚	俄罗斯	印度	巴基斯坦
1.19（含税）	0.87（高峰） 0.63（低峰）	1.06 （含税）	0.46—0.53	0.38	0.83	1.1（高峰） 0.7（低峰）

资料来源：商务部《对外投资合作国别（地区）指南》2018—2019年各卷。

尽管优越的国际贸易条件可有效拓展资金密集型工业制造业部门发展的外层空间，但稳定且具有竞争力的电力供给却仍是相关部门发展的必要保障。而在拥有优越贸易条件的阿拉伯国家中，各国电力供给价格差异十分明显，其中，约旦、黎巴嫩、摩洛哥等油气资源较少的国家，国内电力供给价格并不便宜，而相对较高的电力供给价格也构成了这些国家资金密集型工业制造业发展的硬性约束。

如果结合国际贸易条件和电力供给价格两方面因素，阿曼、阿尔及利亚、埃及等国发展资金密集型工业制造业的条件最为优越，中国可将上述国家作为在资金密集型工业制造业部门开展对阿拉伯国家投资合作的支点国家。

3. 重点行业的甄选

由于阿拉伯国家对资金密集型工业制成品的消费能力有限，中国与阿拉伯国家在资金密集型工业制造业部门开展投资与产能合作，应当是以开拓潜在市场为主要目的，在合作产业的甄选上，需结合各国地理位置、贸易条件带来的发展优势确定具体产业。具体来说，阿曼在地理位置上与南亚、东非接近，并与美国签署有自由贸易协定，与阿曼的投资合作应当结合中国对美国、东非、南亚地区资金密集型工业制造业发展的特点甄选主导产业。而阿尔及利亚、埃及与欧盟地理位置临近，并且对欧出口工业制成品免征关税，与两国开展投资与产能合作应当是基于欧洲市场需求来确定主导产业。

首先，与阿曼在资金密集型工业制造业部门开展国际产能合作。应当优先选择中国在美国、印度频繁遭遇摩擦的聚对苯二甲酸乙二醇酯树脂、氢氟烃混合物及其制品、乙酰乙酸甲酯等化工产品，频繁在印度、土耳其遭受贸易摩擦的无缝钢管和空心型材（中国）、冷轧扁钢制品等钢铁制品作为优先推进的产业部门。此外，也可结合中国对美、对南亚国家商品出口的特点，尝试在阿拉伯国家引入金属制品、橡胶轮胎、配电设备、原料药等重化工业项目。

其次，与阿尔及利亚、埃及等北非国家在资金密集型工业制造业部门开展产能合作。应当优先选择频繁遭受欧盟贸易摩擦的食品添加剂、饲料添加剂，汽车轮毂等汽车零部件、光伏、铝箔等新兴材料以及原料药等化工产品作为重点合作的产业部门。

（三）以开拓区域消费市场的合作

除市场辐射范围广之外，阿拉伯国家巨大的人口规模也使其成为全球重要的消费市场。因此，挖掘阿拉伯国家本土市场潜力，降低企业消费类产品出口的运费成本也应当是中国对阿拉伯国家开展投资与产能合作不可忽视的重要内容。

1. 重点合作国别的甄选

对于以开拓区域消费市场为目的的跨境产业投资而言，区域消费市场的投资规模是投资者甄选投资目的地的重要参考因素。由于资源禀赋不同，阿拉伯各国的市场消费规模有着巨大差异，尽管在2018年，富裕的海合会国家人口仅占到阿拉伯国家人口总量的13.5%，但海合会国家的经济总量和居民消费总量却分别占到阿拉伯国家经济总量和居民消费总量的61.3%和46.6%。而且，与其他阿拉伯国家相比，海合会国家居民消费增速也要明显高于非海合会阿拉伯国家，2014—2018年，海合会国家家庭消费支出从5084亿美元增至6042亿美元，年均增速为5.9%。同期，非海合会国家家庭消费支出却从7572亿美元降至6934亿美元，年均降幅达到2.9%。因此，从居民家庭消费支出变化的情况来看，应当是以海合会国家作为重点开拓的市场。

从海合会各国市场规模来看，沙特阿拉伯、阿联酋是海合会国家最大的两个消费市场。2018年，沙特阿拉伯、阿联酋居民家庭消费支出分别为2982亿美元

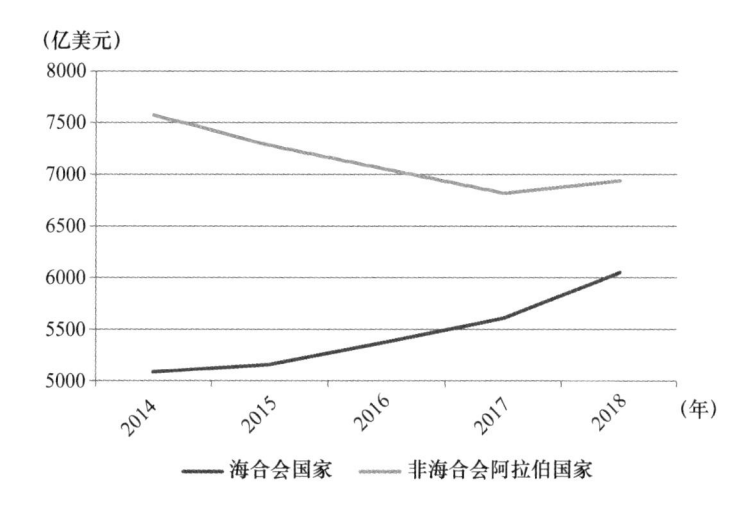

图 5-1 2014—2018 年海合会国家、非海合会阿拉伯国家家庭消费支出的变化

资料来源：UNCTAD，UNCTADSTAT Database，https：//unctadstat.unctad.org/wds/ReportFolders/reportFolders.aspx？sCS_ChosenLang＝en，2020-11-2.

和 1596 亿美元，分别占到海合会家庭消费总额的 49.4% 和 26.4%。因此，从消费市场规模的角度来衡量，如果是将开拓海合会区域市场作为境外直接投资的首要目标，应当是将阿联酋、沙特阿拉伯两个消费大国作为重点合作伙伴。而结合电力供给价格与市场规模两方面的因素，如在阿联酋投资建设大型生产性项目，将沙特阿拉伯确定为产能合作的重点支柱国家更为有利。而对于中小型投资项目而言，将营商环境名列地区前茅的阿联酋确定为重点合作国别则更为有利。

2. 重点行业的甄选

尽管海合会国家消费市场非常庞大，然而，对于外国企业投资却设置了非常高的投资门槛,海合会各国投资法均规定外国企业在关税区域内投资,需采取与本国企业或法人合营的模式,并且合营企业需由本国企业或法人控股。海合会国家对于外国直接投资设定的上述限制,意味着国内企业若要在海合会国家建立独资或控股企业,只能选择在海合会国家关税区域外的自由区、经济特区等特殊经济区域设立生产基地,而上述地区所产产品销往项目所在国或是其他海合会国家,仍被视为进口产品,需缴纳5%的统一关税,并需依靠当地代理进行销售。

海合会国家对外国企业投资设定的高市场壁垒意味着以开拓海合会区域消费市场为目的的投资活动也需以降低企业生产成本为主要目的。但是海合会国家工业基础相对薄弱,产业链完整程度与中国存在较大差距。因此,投资应当选择原料供给以海合会国家具有竞争优势的重化工业产品为主或是能源消耗较大、产业链短和加工环节少的工业制造业作为重点推进的产业部门。在具体实施上,可考虑在沐浴液、洗发水、剃须液等日用品,肥皂、洗衣液、抛光机等光洁用品或是以塑料等化工产品为主要上游供给的餐具、玩具、文具等产业部门推进双方合作。

六 促进中国与阿拉伯国家产能合作的实施路径和政策建议

阿拉伯国家工业制造业基础薄弱，在工业制造业发展上，与中国形成十分明显的比较优势差异。然而，受制于中国与阿拉伯国家之间文化和心理距离较远、产业链相互分离等因素的困扰，中国推进与阿拉伯国家之间的制造业产能合作并非易事。

（一）工业制造业部门推进对阿拉伯国家投资合作的实施路径

离开相对熟悉的母国环境，在其他国家投资设厂，是一项风险程度高、资金消耗大的市场行为，对于制造业企业，特别是中小企业而言，除非母国比较优势的下降开始侵蚀企业竞争优势，或者跨境投资的预期收益非常高，否则，企业一般不会做出跨境投资的活动，即使是决定对外投资，也会选择相对熟悉的投资目的国。这也决定了在与中国心理和文化距离相对较远、产业链分离严重的阿拉伯国家开展制造业投资合作尤其不易。结合阿拉伯国家工业制造业发展基础设施、营商环境、国际贸易环境的特点，以及国内企业、工业园区在阿拉伯国家投资存在的现实困难。为推动落实中国与阿拉伯国家制造业产能合作，在产业选择和产业推进方面，可采取下述路径具体推进。

1. 根据区域产业链调整确定重点合作产业

根据国际直接投资的实践，跨国公司对发展中国家非资源类工业部门的投资主要出于三个目的：第一，获取新市场或新客户；第二，降低生产成本；第三，整合企业价值链。[1] 除借助阿拉伯国家优越贸易条件，突破欧盟与欧盟周边经济体对中国设定的非关税壁垒，获取新市场外。在当前市场环境下，国内企业试图通过对阿拉伯国家投资实现降低企业生产成本或是进一步整合企业价值链的目标并不容易。这是因为，从中国与阿拉伯国家双方产业发展的实际情况来看，双方实际处于不同产业链体系之中，国内企业如仍是以国

---

[1] Peter Kusek and Andrea Silva, "What Investors Want: Perceptions and Experiences of Multinational Corporations in Developing Countries", NO. WPS8386, World Bank Policy Research Working Paper, March 2018, p.7.

内熟悉的产业供给体系为依托,开展对阿拉伯国家投资活动,不但无助于整合企业价值链,而且,地理距离拉长所带来的运输成本的抬升也会抵消掉东道国资源禀赋所带来的成本优势。因此,如若是以国内产业供给系统为基础开展对外投资合作,中国企业在周边中低收入国家投资显然也要优于在阿拉伯国家投资。

在经济全球化的今天,国际产业分工已经高度细化和专业化,很多产品的生产已不再是在一国国内设立完整的产业链,而是根据产业集群的特点分布在不同国家。[①] 从全球工业品生产与流通体系来看,欧盟是全球重要的工业品消费市场,同时也是很多零部件、高新技术材料、工业设备与装备的重要供给基地,而阿拉伯国家所处的西亚北非地区,工业制造业发展正在逐渐融入欧盟产业供给体系。与其地理位置毗邻的南亚地区,随同劳动密集型工业快速发展与升级,对资金密集型工业制成品的进口需求也将会显著增大。因此,在全球产业链体系深度调整的市场环境下,为保持中国承压较重行业的全球竞争力,中国应当摸清阿拉伯国家所处的产业供给体系,并根据欧盟产业链调整、中东与南亚国家工业制造发展的实际情况,确定那些将企业生产所需的上游供给由国内调整至阿拉

[①] See Rikard Forslid et al. "A U – shaped Europe?" *Journal of International Economics*, 2002, Vol. 57, No. 2.

伯国家，有助于降低企业生产成本、进一步优化企业价值链的产业作为对阿拉伯国家合作的重点产业部门。

2. 基于东道国资源禀赋确定重点合作国家

传统国际投资理论认为国与国之间比较优势的相对变化推动了产业部门在国与国之间的转移。尽管20世纪70年代逐渐兴起的竞争优势理论开始高度重视中观经济环境对工业制造业发展的重要支撑作用。[1] 然而，比较优势最终归结于一国的资源禀赋，或是产业发展的有利条件，比较优势是竞争优势形成的内在因素，能够促进产业竞争力的提高，一般来说，一国具有比较优势的产业往往更易于形成国际竞争优势。[2] 因此，国内企业开展对阿拉伯国家投资合作时，也应结合东道国资源禀赋特点制定投资决策。

资金密集型制造业的甄选。除包含有较高技术含量的资金密集型工业品外，包括原料、橡胶制品、新型建材、有色金属冶炼等绝大多数资金密集型工业制成品的生产对电力供给的稳定性和电力供给成本也都高度敏感。然而，作为工业发展的基础产业，各国对相关产业的保护也要明显高于其他行业，从而使相关

---

[1] ［美］迈克尔·波特：《国家竞争优势》（上），李明轩、邱如美译，中信出版社2017年版，第XXVI页。

[2] 金培：《大国筋骨：中国工业化65年历程与思考》，广东经济出版社2015年版，第84—85页。

产业的产品出口频繁遭遇贸易摩擦。因此，对于资金密集型工业制造业而言，尽管能源供给优势是产业发展的必要支撑。然而，在能源供给差别不大的前提下，优越的外部贸易条件对产业发展更为重要。目前，巨石集团在埃及取得的成功便是借助埃及在事实上与欧盟、土耳其建立的自由贸易关系，有效开拓了上述两个市场，该项目也是中国在阿拉伯国家投资建设的，最为成功的工业制造业生产项目。

阿拉伯国家拥有的优越贸易条件仍主要集中于地中海沿岸的非油气出口国。尽管沙特阿拉伯等海合会国家电力供给相较埃及更具优势，但恰恰是因为忌惮于海合会国家在资金密集型工业制造业发展，特别是化工产业发展具有的潜在比较优势，海合会与欧盟、土耳其、印度等周边主要经济体展开的自由贸易谈判才迟迟未能取得突破，而海合会国家生产的资金密集型工业制成品在欧盟市场也频频遭遇贸易摩擦。因此，中国在阿拉伯国家布局大型资金密集型工业制造业生产项目仍需以埃及等与欧盟建立自由贸易关系的国家作为主要基地。此外，也可根据国际贸易发展的具体情况，在海合会国家布局与欧盟、印度等周边主要经济体发生贸易摩擦较少的中小型资金密集型制造业生产项目。

劳动密集型制造业的初选与能源消耗较高的行业

相比，在阿拉伯国家甄选劳动密集型制造业的对接国家更为困难。丰富的劳动力资源和低廉的劳动力价格固然是支持劳动密集型制造业发展的重要条件，但与劳动生产率密切相关的教育与培训、劳动习惯、文化因素也会影响一国劳动密集型制造业的发展。[1] 在劳动密集型制造业部门，劳动力丰富程度和劳动力价格并非是甄选产能合作对象的唯一标准，很多难以量化的文化、社会因素也会影响一国劳动密集型制造业的发展。

为推动中国与阿拉伯国家双方在劳动密集型工业制造业部门投资合作的优化升级，可依据"产品距离"理论，在约旦、埃及等在劳动密集型工业制造业发展上拥有"人口红利"，且在劳动密集型工业制造业发展上展示出较强国际竞争力的国家，引导生产产品与东道国展现出较强竞争优势的工业制成品包含相近知识的制造业企业落实对阿拉伯国家投资行动。

3. 以东道国成熟园区作为产业孵化载体

通过在东道国建设境外工业园区作为吸引国内企业投资的载体是中国开展国际产能合作常常用到的手段，很多发展中国家基础设施状况较差、营商环境不

---

[1] 唐晓阳：《中非经济外交及其对全球产业链的启示》，世界知识出版社2014年版，第210页。

佳，利用境外工业园区提供的"外部性"条件，为企业提供有利的生产、经营环境，无疑是落实产能合作的有效途径。然而，设立境外工业园区不但要投入大量资金，园区经营主体与东道国政府部门，特别是地方政府机构的合作也需消耗大量精力。因此，在操作层面，由投资国主导在东道国建立境外工业园区并不容易，如东道国基础设施条件尚可，还应当尽量以东道国当地平台作为产业转移的载体。

尽管阿拉伯国家工业制造业基础相对比较薄弱，然而，阿拉伯国家工业制造业起步并不算晚。阿拉伯国家很早就已开始重视工业园区建设，阿拉伯国家自主建成的很多综合工业园区具有十分完善的基础设施，并且已经初步形成产业集聚效应。与中国各类投资实体在阿拉伯国家建设的工业园区相比，阿拉伯国家自主建设的园区，无论是从争取国家优惠政策，还是在处理与当地政府、社区关系方面，都更具优势。因此，中国企业和各级政府落实对阿拉伯国家投资活动，应当尽量以东道国自主建设的成熟工业园区作为产业孵化载体。

（二）推动落实中国与阿拉伯国家投资合作优化升级的政策建议

结合阿拉伯地区及其周边国家产业发展的特点，

阿拉伯国家宏观政治经济环境的变化，中国推进落实对阿拉伯国家投资合作优化升级，可采取以下策略。

1. 以中小企业作为对阿拉伯国家投资的先导

阿拉伯国家市场环境的复杂性和中国与阿拉伯国家地理、文化、产业链相距较远，以及中国制造业企业国际化程度不高的现实，意味着与欧盟、南亚等阿拉伯地区周边国家投资者相比，中国制造业企业在阿拉伯国家投资大型工业制造业生产项目，特别是涉及复杂生产流程的生产项目并非易事。中国对阿拉伯国家制造业投资合作始终处于较低水平的现实，也表明了双方开展合作的难度。面对中国与阿拉伯国家开展投资与产能合作的上述困难，在工业制造业部门开展对阿拉伯国家投资合作，应当是以试错和摸清阿拉伯国家市场环境为主，这也要求助力中小企业开展对阿拉伯国家投资活动应当是推动双方合作的先导。在理论研究方面，日本经济学家小岛清（Kiyoshi Kojima）提出的边际产业扩张理论认为，投资国对外投资活动应当以中小企业为先导，这是因为中小企业高度灵活、转移到东道国的技术更适合于当地生产要素结构，也能为东道国创造更多的就业机会，因而会受到东道国的欢迎。[①] 在

---

① Kiyoshi Kojima, *Direct Foreign Investment: A Japanese Model of Multinational Business Operation*, London: Croom Helm, 1978.

市场实践方面,根据世界银行发布的报告,与大型企业相比,中小企业在东道国当地的采购比例更高,与东道国的经济联系也更为紧密。①

以中小企业为先导,对于劳动密集型工业制造业部门开展对阿拉伯国家合作则尤其重要。这是因为,具有劳动密集型工业制造业发展潜力的中低收入阿拉伯国家普遍存在较大的就业压力,政府也都将拉动工业制造业发展看作创造充分就业和提升居民生活水平的重要举措。劳动密集型工业制造业,特别是电子、家电等具有较高技术含量的工业制造业部门在各国经济发展战略中占有十分重要的地位。包括埃及、约旦在内,很多阿拉伯国家都希望通过参与"一带一路"合作,有效带动国内劳动密集型制造业向中高端转移,有效带动国内就业。然而,劳动密集型工业制造业发展的特点,却决定了贸然在阿拉伯国家引入大型劳动密集型生产项目,未必能够激活东道国"人口红利",降低企业生产成本。而大型项目引进一旦失败,势必会影响阿拉伯国家在更宽领域与中国开展"一带一路"合作热情。

---

① Peter Kusek and Andrea Silva, "What Investors Want: Perceptions and Experiences of Multinational Corporations in Developing Countries", Washington D. C.: World Bank Policy Research Working Paper, NO. WPS8386, March 2018, pp. 17 – 18.

2. 适时引入大型短链制造业生产项目

中国拥有十分完整的产业链构成，对于国内很多企业来说，脱离国内熟悉的产业供给体系，在地理位置十分遥远的阿拉伯国家投资建设生产基地，融入当地产业链并不容易，而产业链调整的困难以及人员管理的复杂性，也就构成了国内企业对阿拉伯国家投资的重要阻碍。面对制造业对阿拉伯国家投资的上述困难，中国在阿拉伯国家布局大型工业制造业生产项目，应当是以短链产业为重点。这是因为，产品生产的环节越少、原料供给越简单，涉及的产业链调整成本也就越低。巨石集团在埃及取得成功，也与其产品生产具有短链特点密切相关。因此，在助力中小企业开展对阿拉伯国家投资活动的同时，也可考虑结合东道国资源禀赋和外部贸易环境的特点，在阿拉伯国家引入产业链较短的大型工业制造业生产项目，使其成为中国对阿拉伯国家制造业投资合作的标志性工程。

3. 大型企业适当参股当地龙头企业或工业园区项目

文化距离相对较远、产业链相互分离的现实意味着用工需求大、生产环节多的大型工业制造业项目在阿拉伯国家落地并不容易，而中国投资实体在阿拉伯国家投资建设的各类工业园区在当地园区的竞争中，也不具备竞争优势。因此中国大型企业也考虑通过参股东道国龙头企业或工业园区项目的形式落实对阿拉伯国家投资合作。

首先，在企业合作方面，可考虑在纺织服装业等东道国已经形成较强出口能力的产业部门内，与当地龙头企业建立合资企业，在充分发挥当地企业劳动力管理、市场渠道优势的同时，为合资项目提供资金、技术支持，帮助东道国企业实现产品发展的优化升级。此外，由于海合会国家通过《商业代理法》《投资法》设立了较高的市场壁垒，中国企业如以开拓区域消费市场为目的，在海合会国家设立境外生产基地，为能够给企业生产产品争取到优质销售渠道，即使是短链产品，也应当与当地龙头企业建立合营企业。

其次，在园区合作方面，可考虑与东道国成熟工业园区合作，结合东道国劳动力供给和市场渠道的特点，投资建设如手机、电子、家电等技术含量相对较高，东道国尚未形成产业集聚效应的，聚焦于特定行业工业园区项目。

4. 与阿拉伯金融机构合作设立服务国内企业海外投资活动的境外融资平台

工业制造业企业的境外投资活动需要得到巨大资金支持，而融资困难却是制约国内中小企业境外投资的重要阻碍，国内中小企业海外投资项目的资金来源超过一半需要依靠"企业利润积累"，即使能为海外投资获得融资支持，企业支付的贷款利息也要明显高于国际市场。[①] 而贷款难、贷款贵的问题，也成为制约国内企业海外投资的重要阻碍。由于对阿拉伯国家投资的客观要求需以中小企业为主导，拉动中国与阿拉伯国家投资合作优化升级，也就必须打破国内企业对阿拉伯国家投资的融资瓶颈。

与其他发展中国家不同的是，阿联酋、卡塔尔等油气资源国拥有雄厚的资金优势，并且有着极为丰富的海外投资经验。中国可尝试牵头国内龙头金融机构与阿拉伯国家大型金融机构合作，设立为国内企业在阿拉伯国家投资提供国外融资、国内担保，按照商业模式操作的"金融+产业"服务平台，助力国内企业特别是中小企业开展对阿拉伯国家产业投资。

5. 支持东道国本土企业能力建设，拉近双方产业链联系

地理位置阻隔致使中国与阿拉伯国家产业链体系相互分离是中国与阿拉伯国家开展国家产能合作的重要阻碍，利用市场力量，拉近双方产业链联系对于推

---

① 吴雨奇、邹蕤羽：《我国中小企业海外投资的融资约束、特征及其化解对策》，《国际金融》2017年第5期。

动中国与阿拉伯国家在工业制造业领域实现优化升级十分重要。由于本土供给能力对于一国产业发展和吸引外商投资有着重要影响，为提升国内供给水平，很多阿拉伯国家高度重视从技术和信贷两个方面支持国内企业的发展。因此，中国相关部门可考虑通过援助阿拉伯国家落实本土企业能力提升计划，借助市场力量，拉近双方产业链的联系。一方面，中国相关部门可考虑与阿拉伯国家政府联合设立以阿拉伯国家国内企业为服务对象的技术援助项目，在为阿拉伯国家国内企业提供技术指导的过程中，通过向阿拉伯国家推广中国具有优势的生产技术和生产工艺以及帮助阿拉伯本土企业熟悉中国在装备制造业取得的技术优势，引导阿拉伯企业向中国产业供给系统靠近。另一方面，中国相关部门也可考虑与阿拉伯国家金融部门合作，设立工业发展专项基金，为阿拉伯国家本土企业进口中国设备和产品提供专项贷款，借助阿拉伯国家本土企业对市场的把握，发掘阿拉伯国家与中国产业链的联系，从中选择在阿拉伯国家投资更易得到上下游支持的制造业部门作为对阿拉伯国家产业投资的重点。

6. 构建官方双边合作机制，助力企业对阿拉伯国家投资

国内企业对阿拉伯国家投资缺乏历史惯性、对阿

拉伯国家当地市场及经营环境也缺乏足够了解，对于国内企业特别是中小企业而言，受自身实力限制，也不太可能将大量资金用于对阿拉伯国家投资的前期调研和风险评估。故而，完全依靠企业自主行动，中国与阿拉伯国家产能合作将很难发展起来。在中国与阿拉伯国家产能合作仍处于初级阶段，尚未取得实质性进展的当下，政府发挥的作用应当是从牵头对阿拉伯国家输出大项目向深入参与埃及制造业发展战略转变，通过深度参与阿拉伯国家工业制造业进程，获取对于中国企业赴阿拉伯国家投资至关重要的市场信息。而在操作层面，可采取以下策略。

第一，为阿拉伯国家制定产业发展规划提供技术援助。面对国际产业链体系的深化调整，近年来，很多阿拉伯国家都在根据自身比较优势调整工业制造业发展战略。然而，阿拉伯国家近年制定的经济发展规划在不同程度上得到西方国家的支持，但中国却鲜有参与。中国在工业制造业发展上取得的成就有目共睹，很多阿拉伯国家也希望从中国获得工业制造业发展的成功经验。中国相关部门可考虑与阿拉伯各国经济规划部门形成对接，通过为阿拉伯国家制定工业制造业发展规划提供技术援助，深度参与阿拉伯国家工业发展进程，获得对中国企业开展赴阿拉伯国家投资活动至关重要的市场信息。

第二，为阿拉伯国家建设和发展工业园区提供智力支持。中国依托工业园区在制造业部门取得的成绩有目共睹，在园区规划设计方面也已积累了很多成熟经验，很多阿拉伯国家对于苏州工业园等国内重要的工业园区、产业集聚地的发展经验有着浓厚的兴趣。因此，中国相关部门可考虑依托国内成熟工业园区、专业化工业园设计团队，为阿拉伯国家建设和发展本国工业园区提供智力支持，通过提供设计援助和技术咨询，掌握相关园区发展的优势与不足，并向阿拉伯国家推荐适合在相关园区落户的国内制造业企业。

第三，支持阿拉伯国家职业教育发展。职业技术教育发展滞后，国民对接受职业技术教育热情不高是很多阿拉伯国家工业制造业发展缓慢的重要原因，很多阿拉伯国家也已认识到工业制造业发展上存在的人力资源短板，并开始重视职业技术教育的发展。伴随制造业的快速发展，中国在职业教育的规划和教学方面都已积累十分丰富的经验。中国相关部门可考虑结合阿拉伯国家的具体需求，依托国内职业技术教育培训机构、龙头企业，加强对阿拉伯国家职业技术教育发展的援助力度，通过为阿拉伯国家职业技术教育的规划设计提供技术援助，帮助阿拉伯国家培训技术工人，增进对阿拉伯国家劳动力市场、劳动力素质和劳动文化的了解。

刘冬，经济学博士，现为中国社会科学院西亚非洲研究所副研究员、经济研究室副主任。2000—2004年就读于莱阳农学院，获管理学学士学位；2004—2007年就读于中国社会科学院研究生院，获法学硕士学位；2007—2010年就读于中国社会科学院研究生院，获经济学博士学位。2010年进入中国社会科学院西亚非洲研究所工作。2013年9—10月、2015年9月，赴荷兰莱顿大学访学，2019年11月赴阿联酋大学访学。主要从事产油国石油政策、中国与阿拉伯国家产能合作方面的研究工作。出版专著《石油卡特尔的行为逻辑》，在《西亚非洲》《中国金融》《国际石油经济》《阿拉伯世界研究》等学术刊物发表学术论文20余篇，在《世界知识》《财经》《环球财经》《中国石油报》等报刊发表评论文章数十篇。